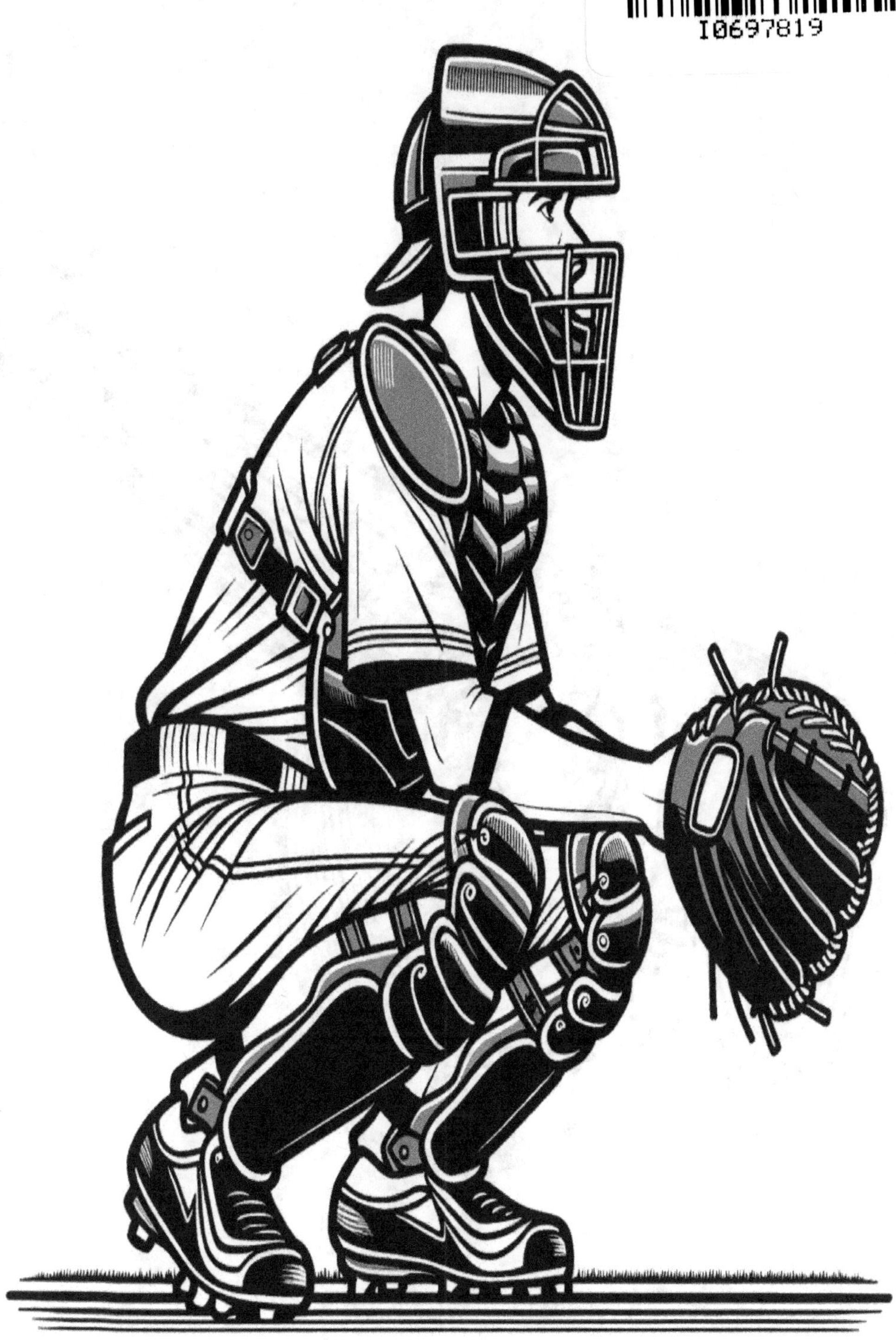

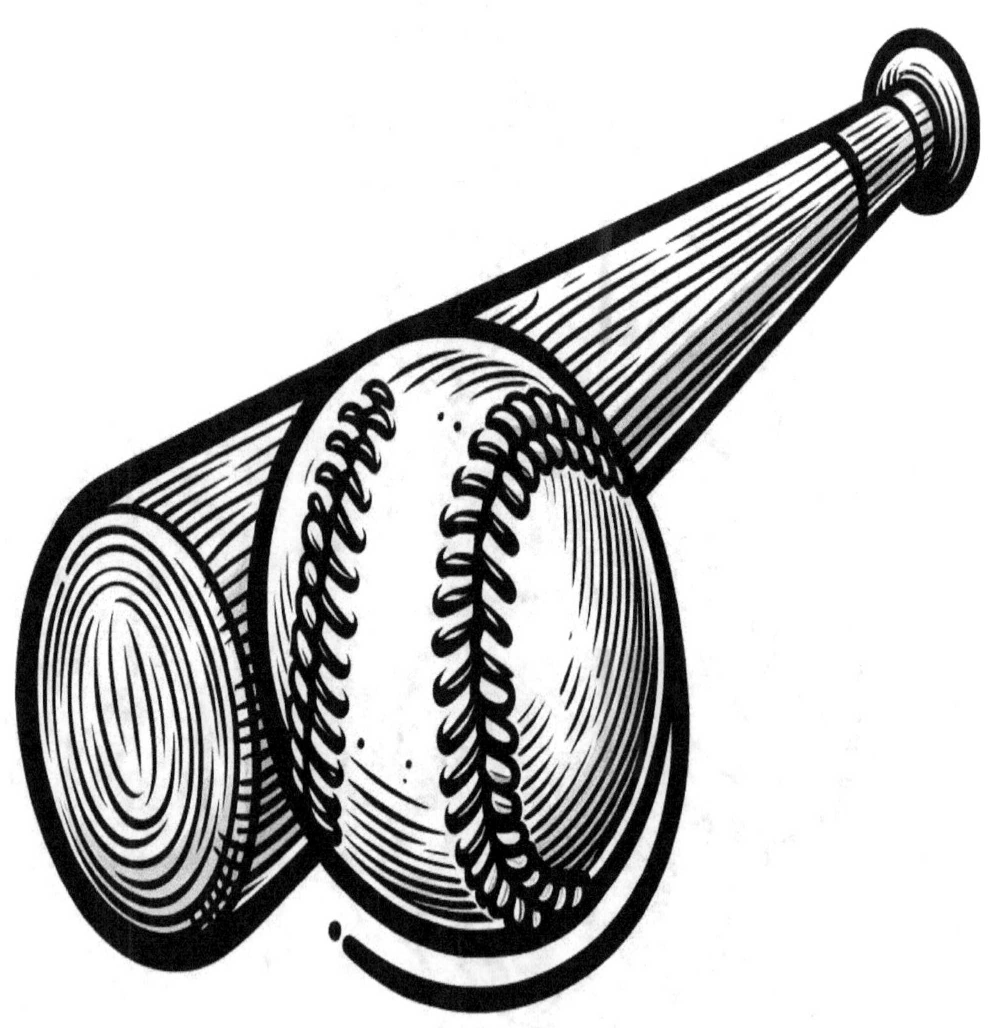

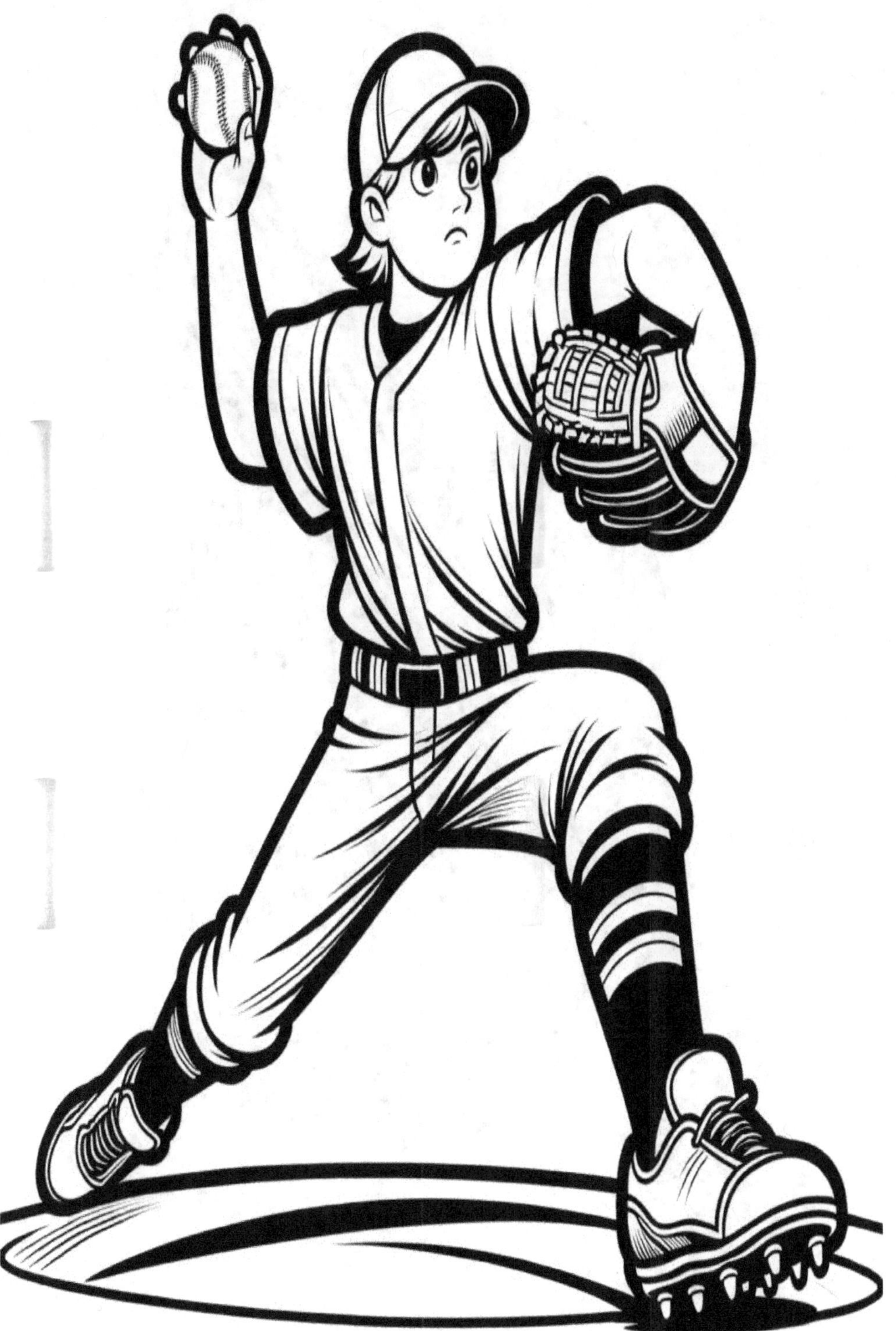

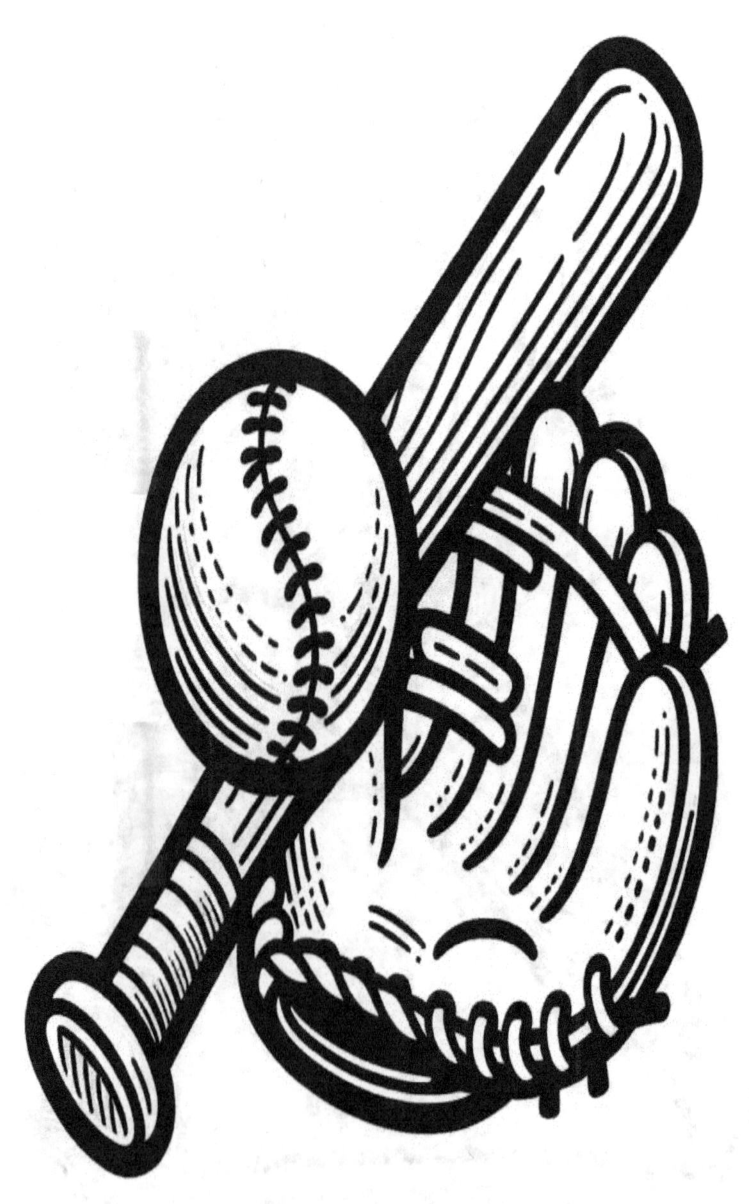

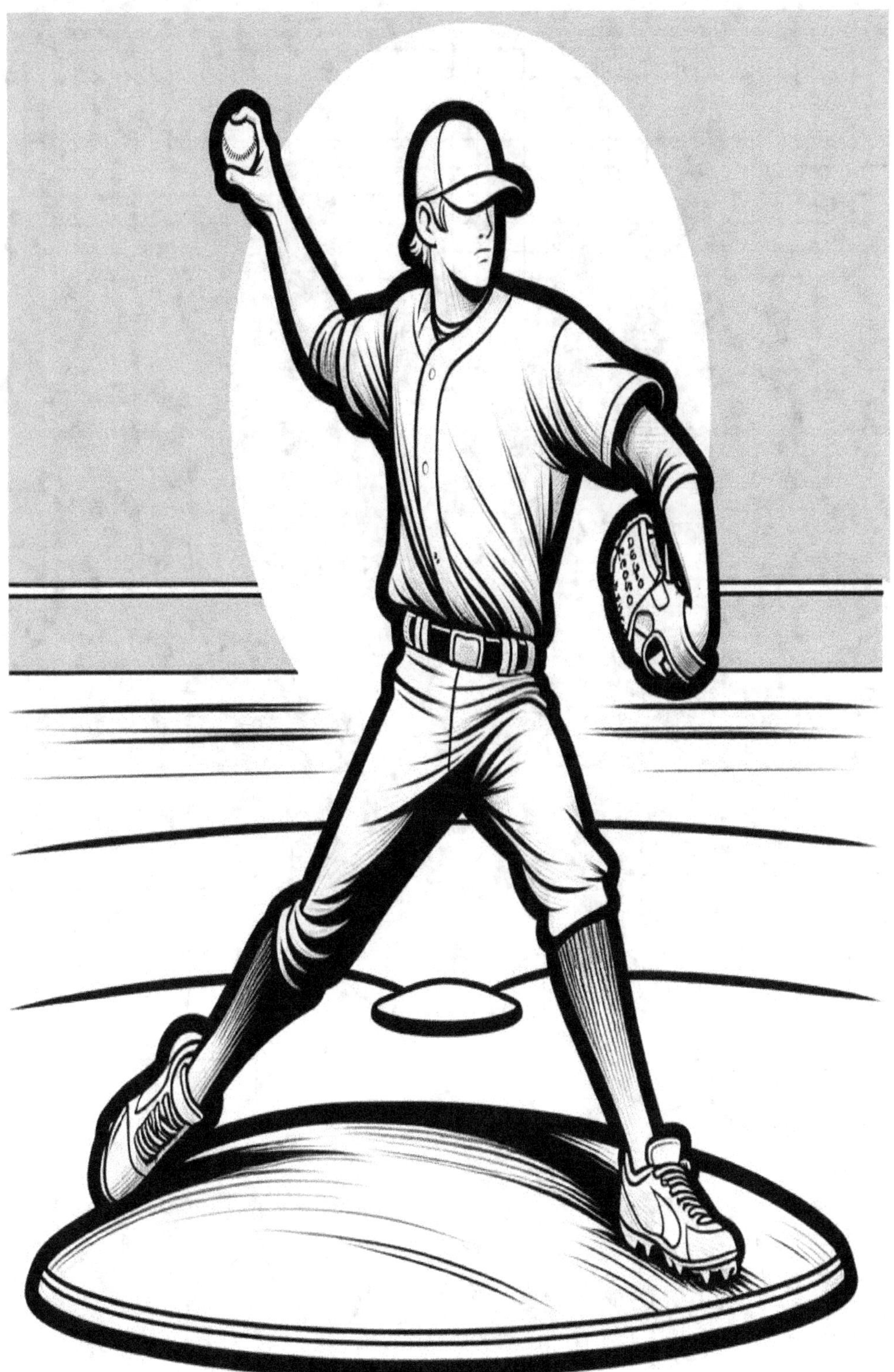

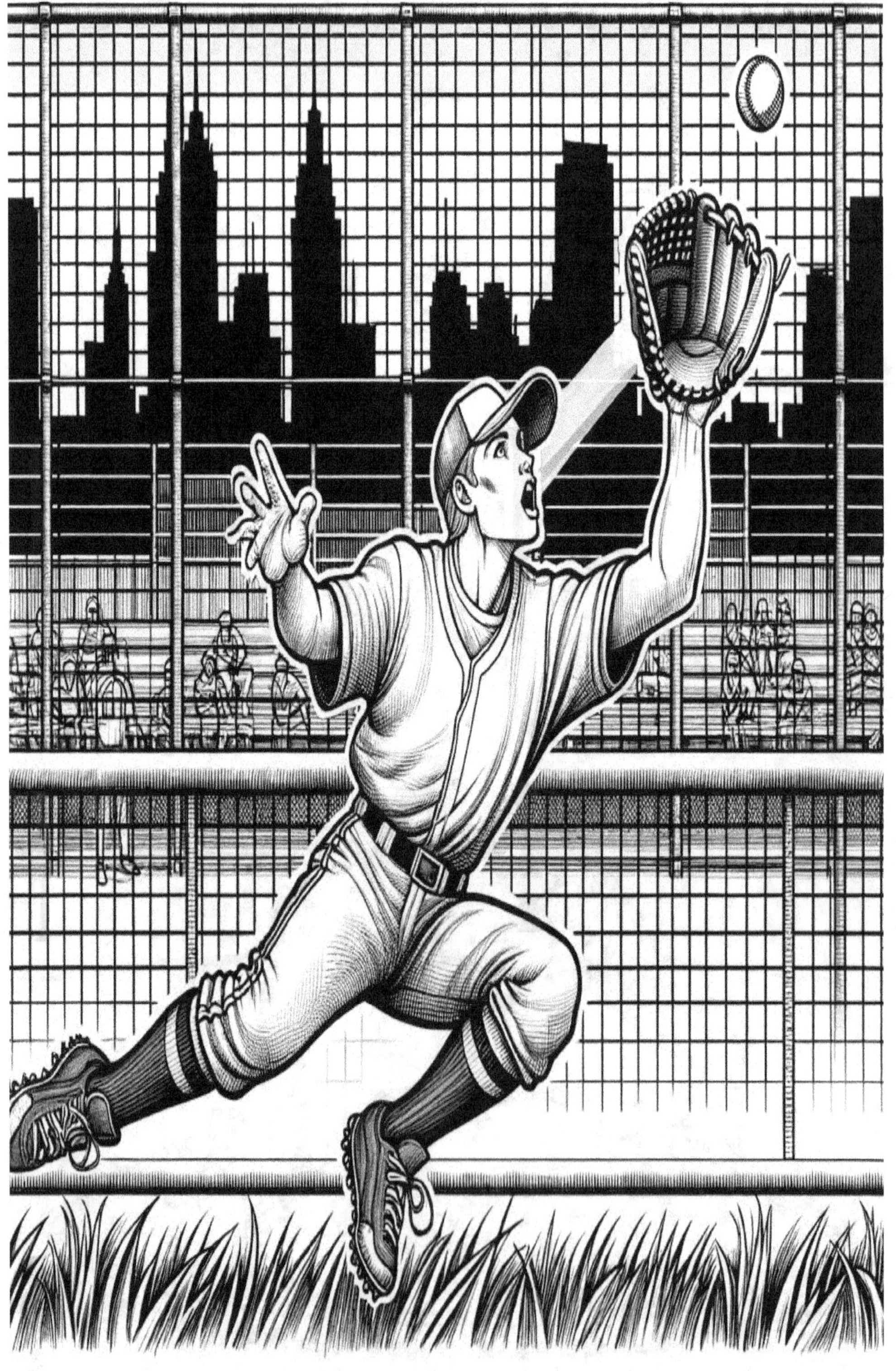

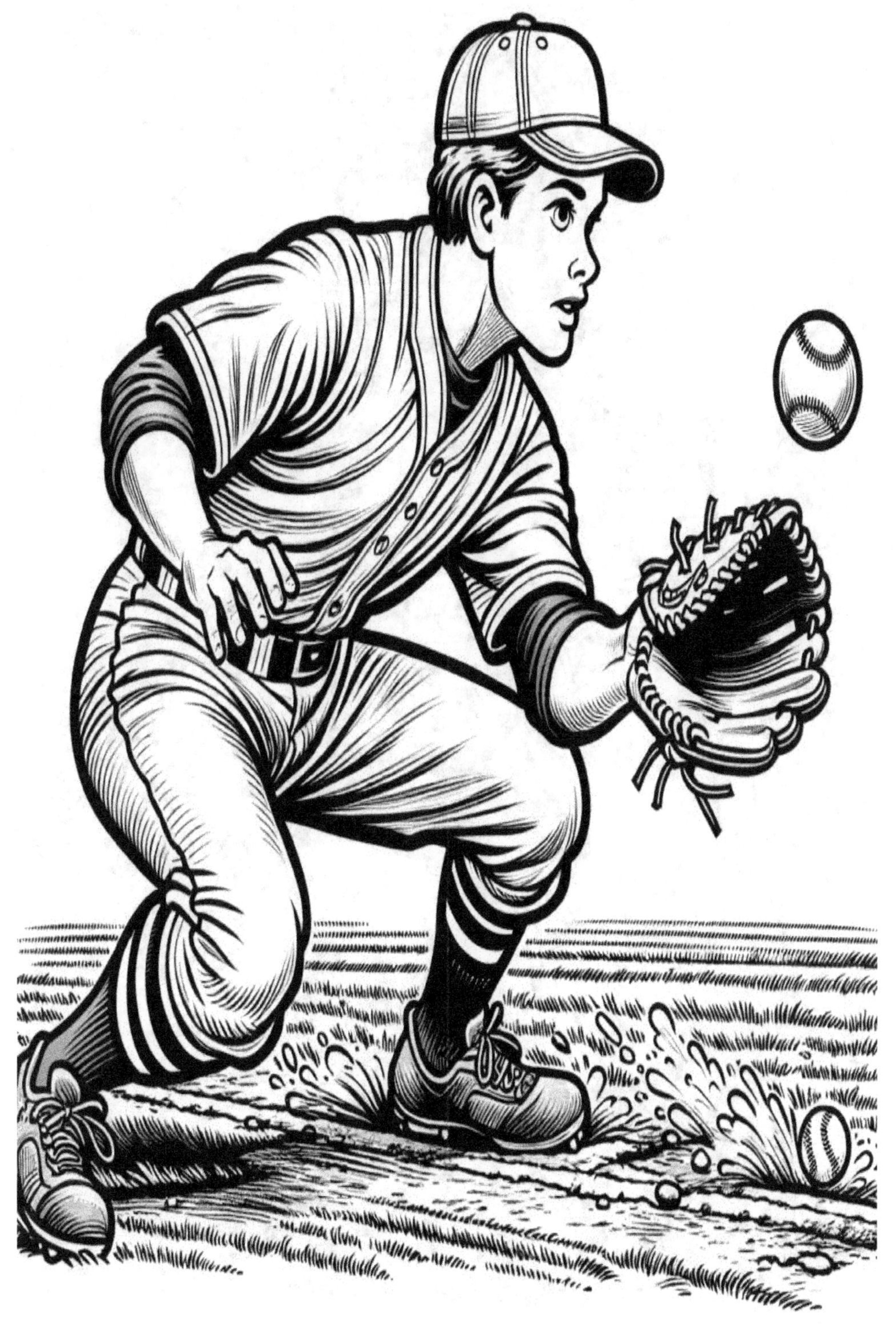

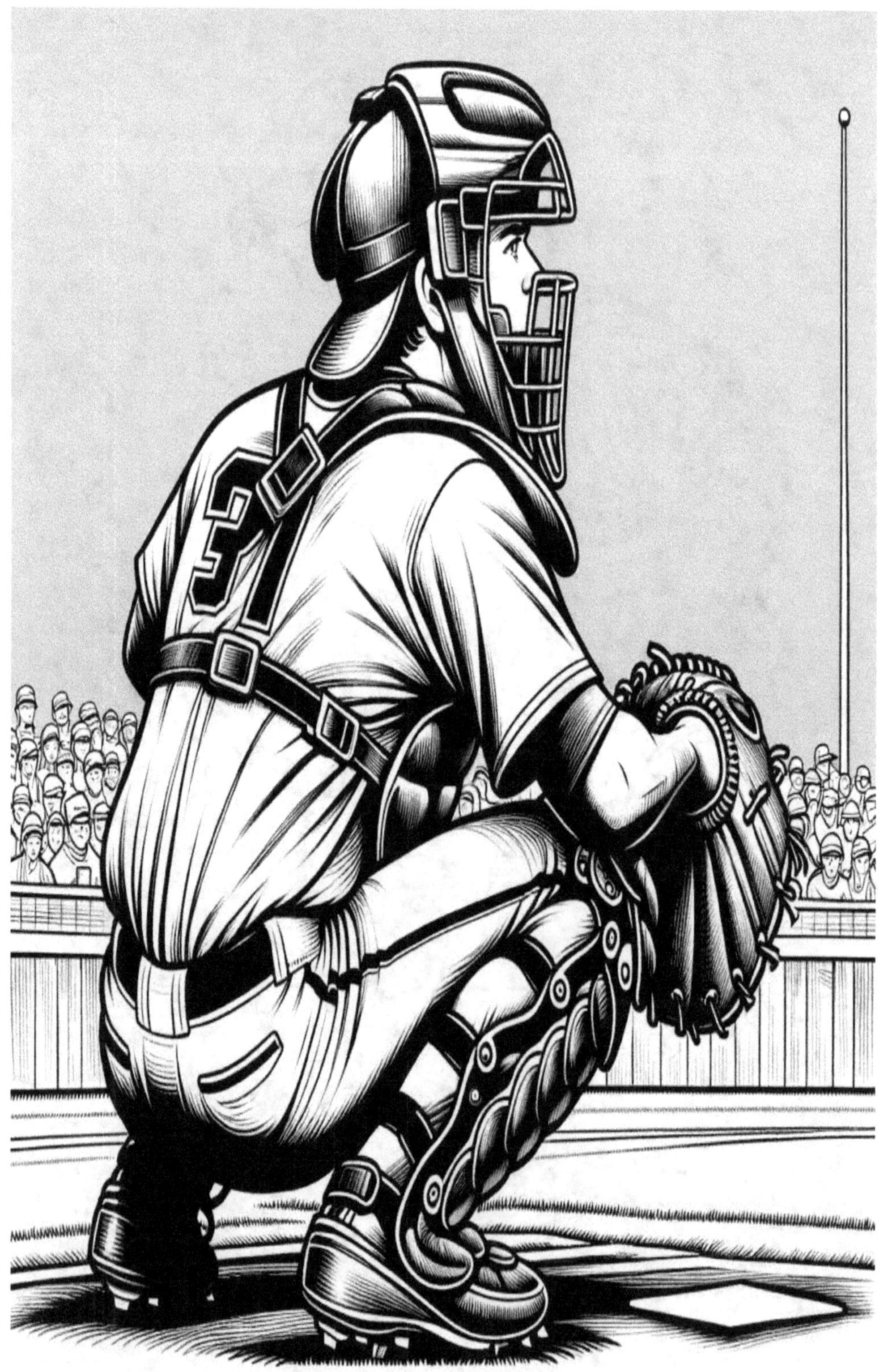

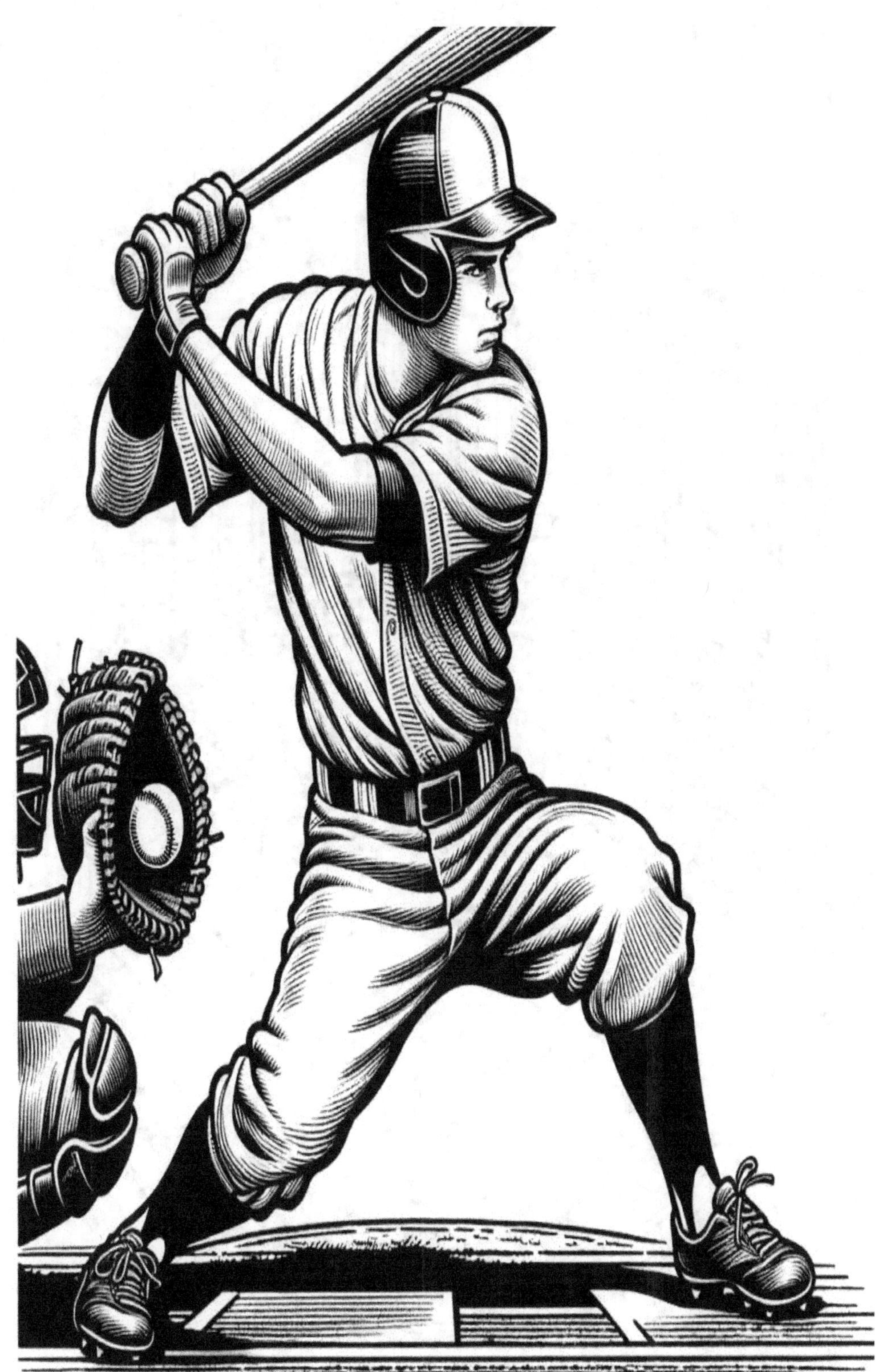

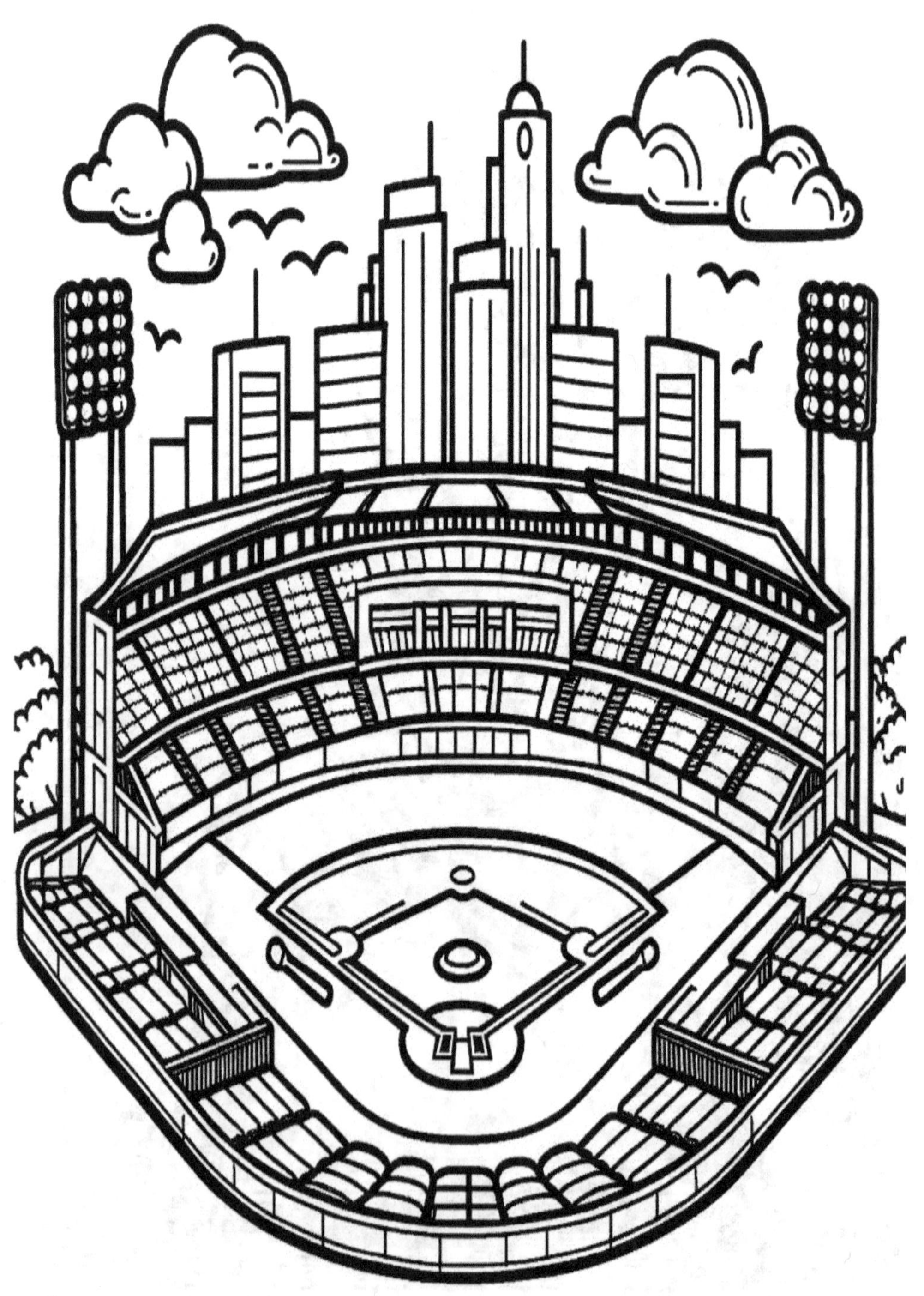

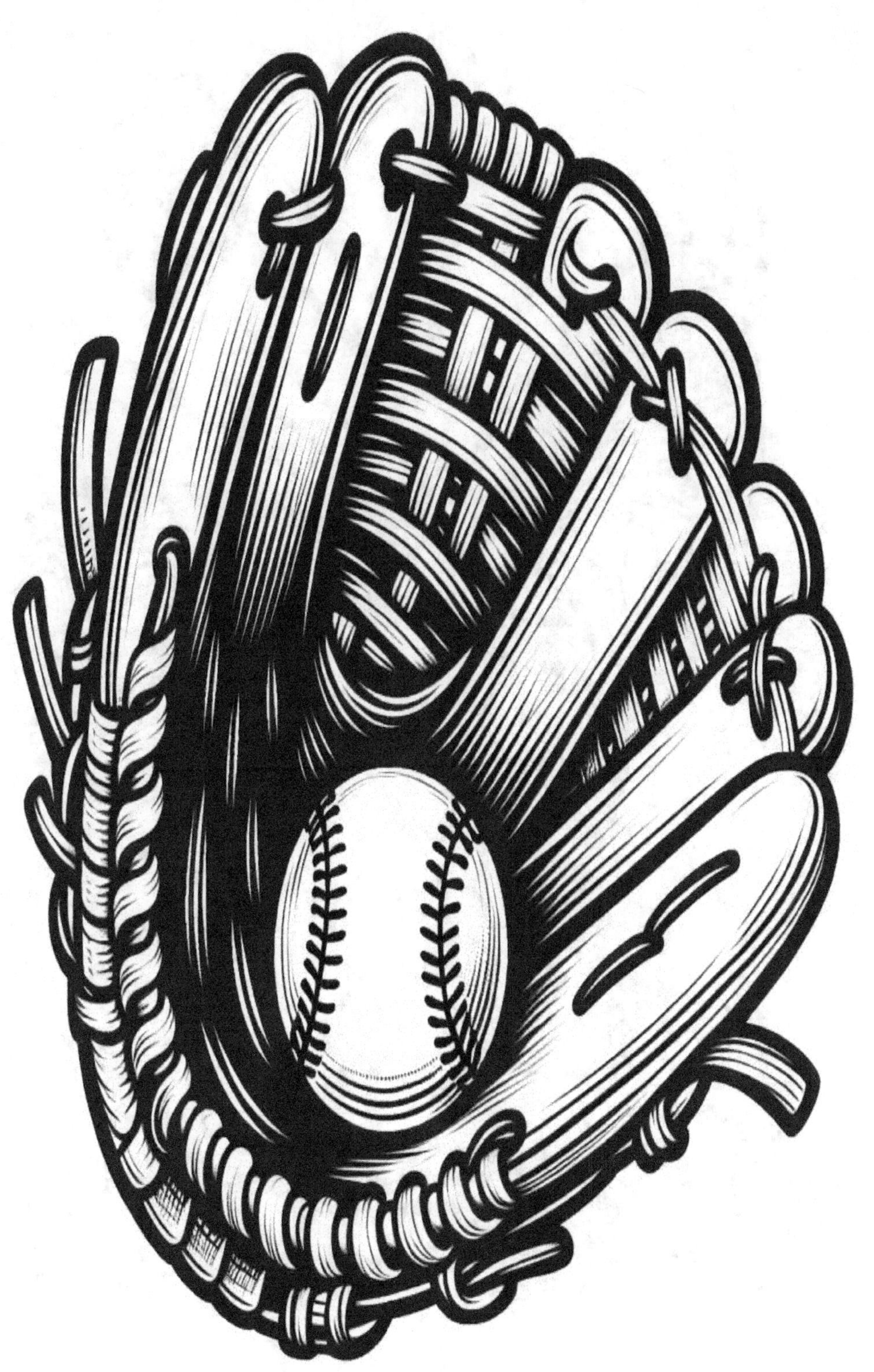

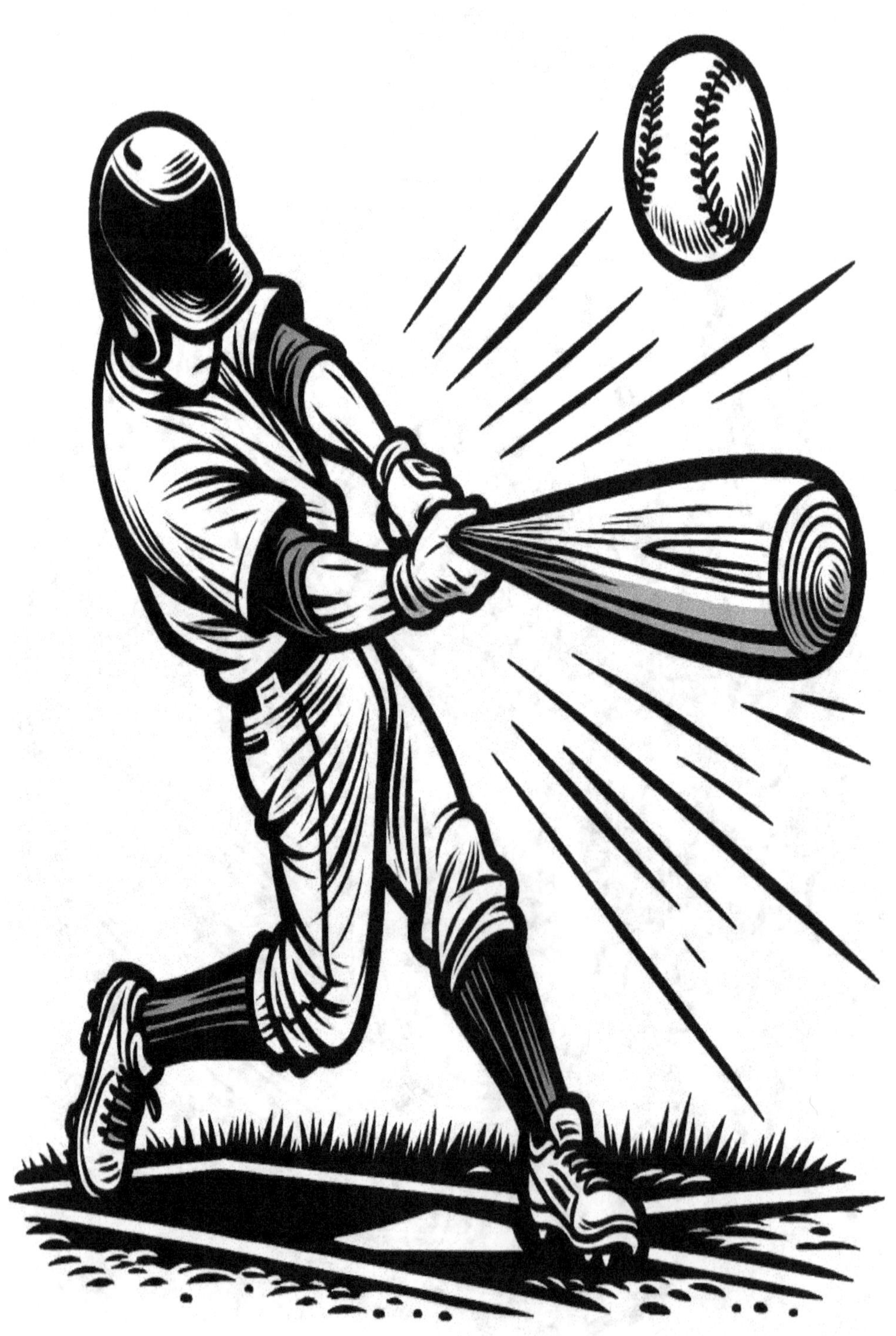

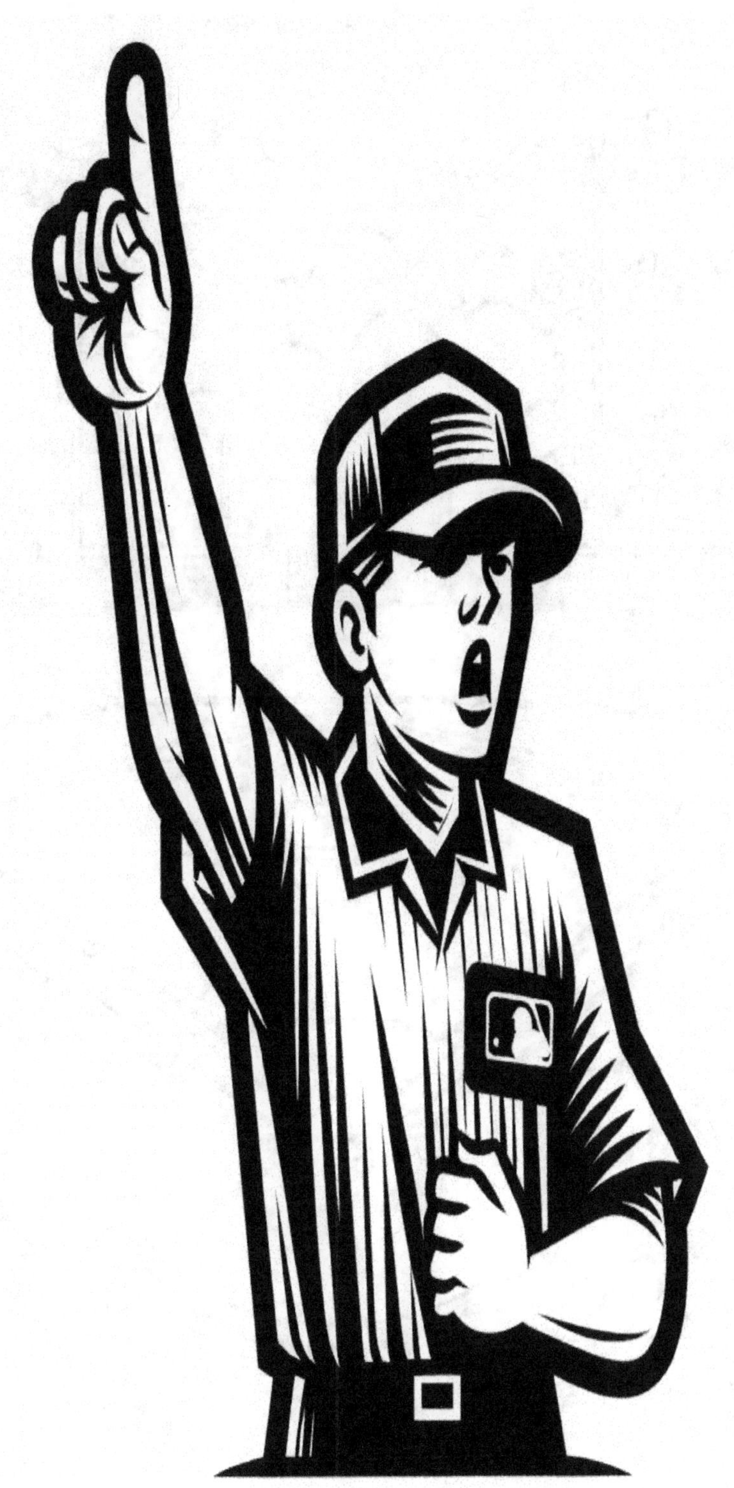

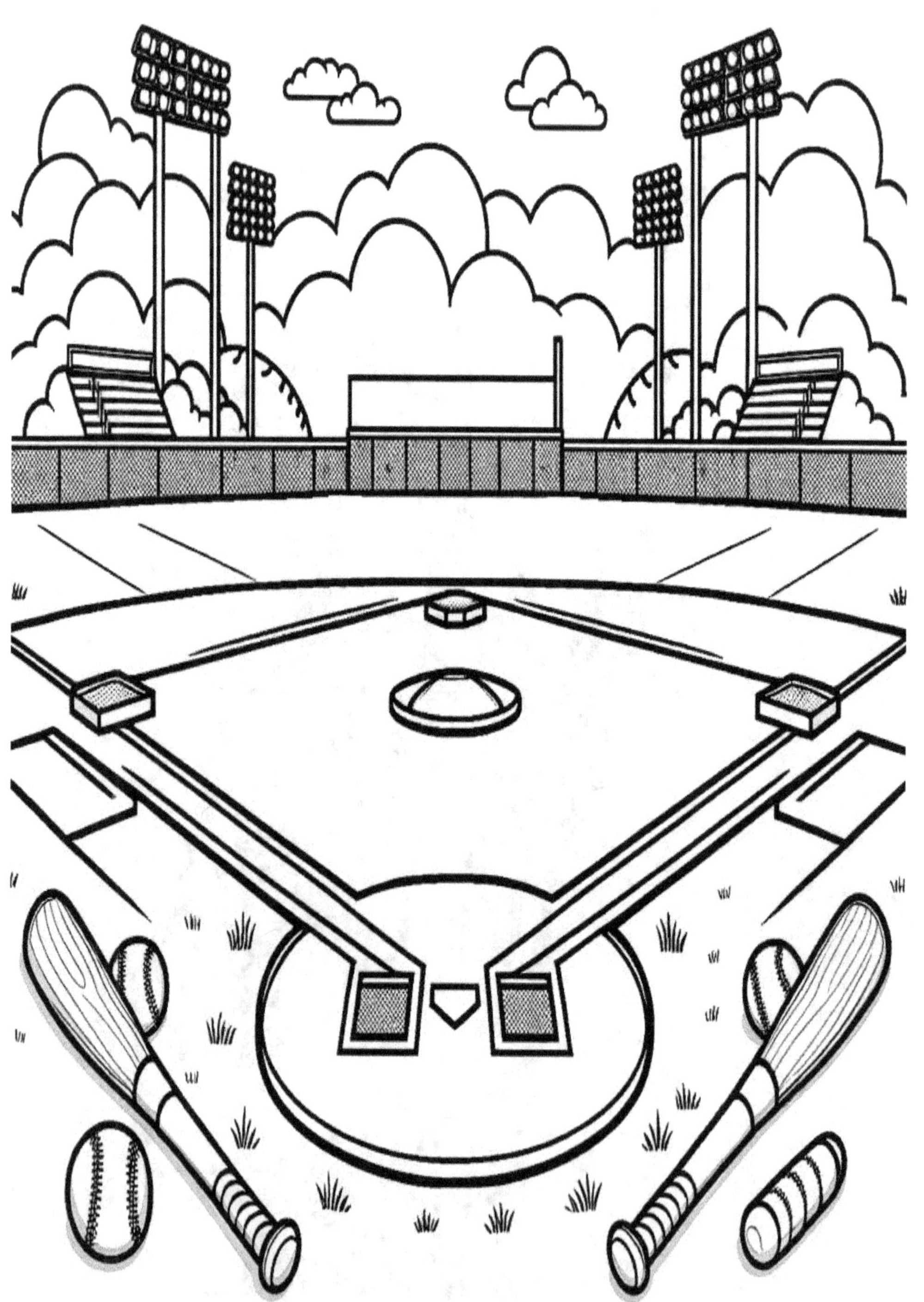

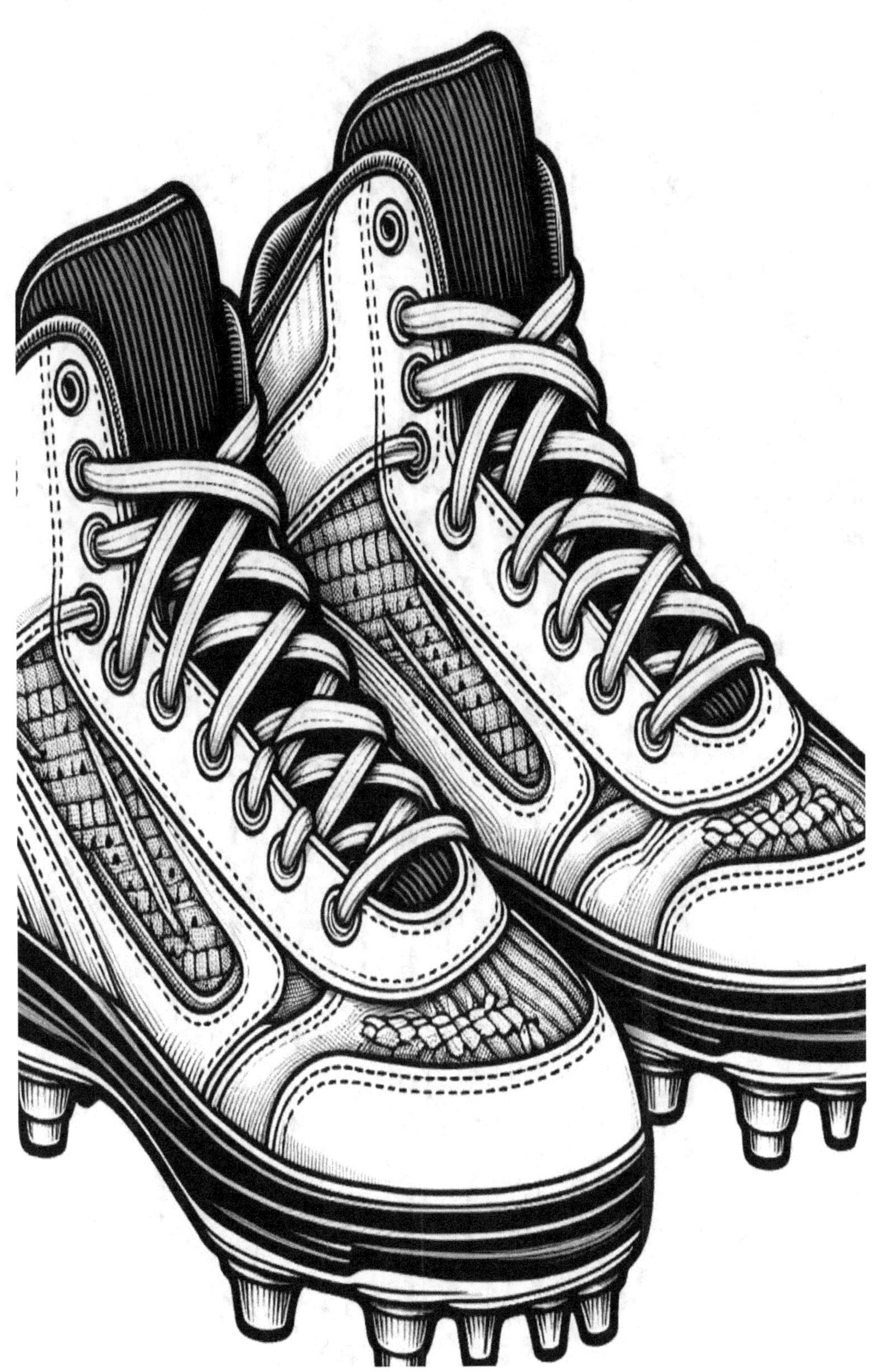

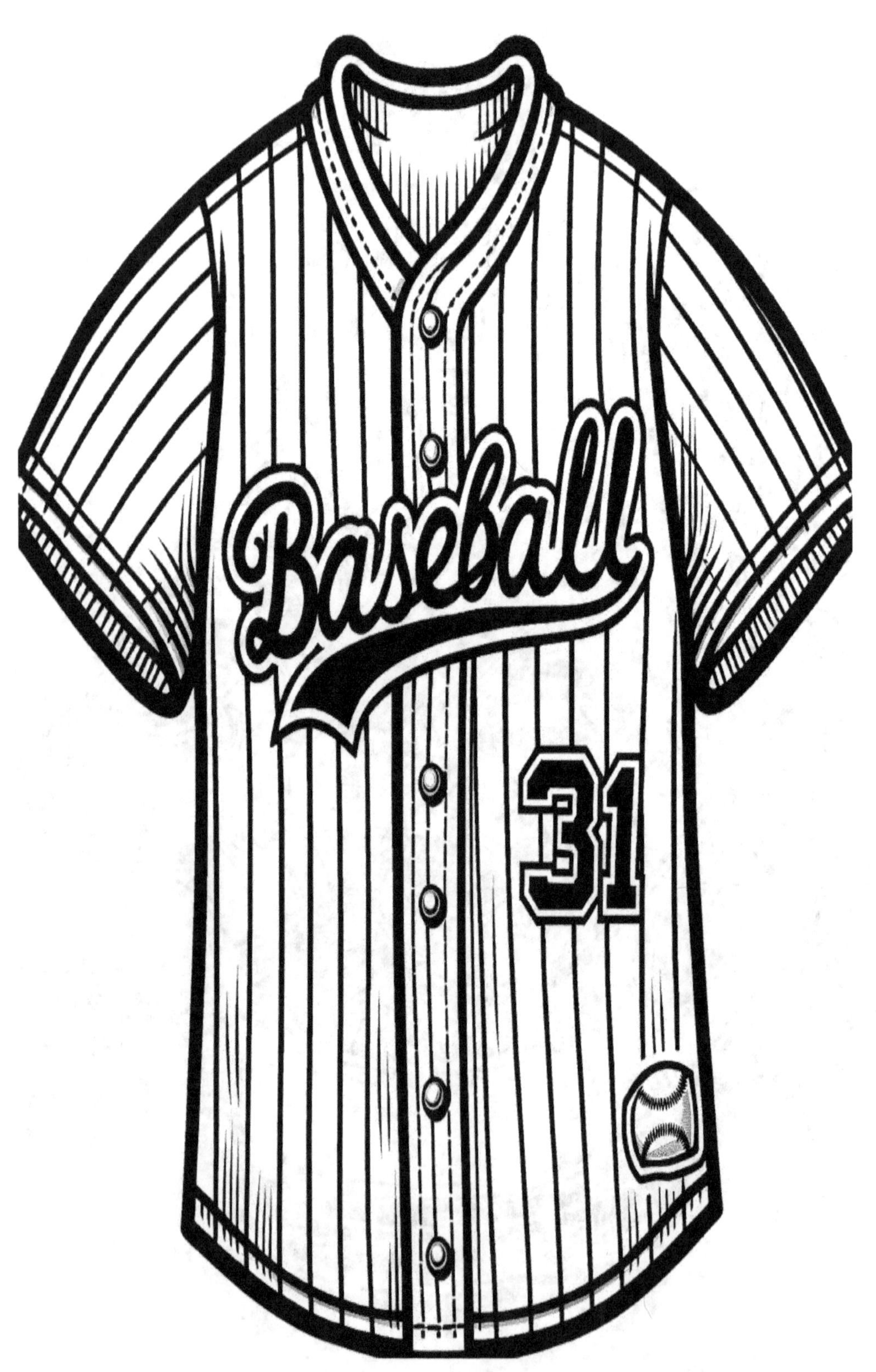
Baseball
31

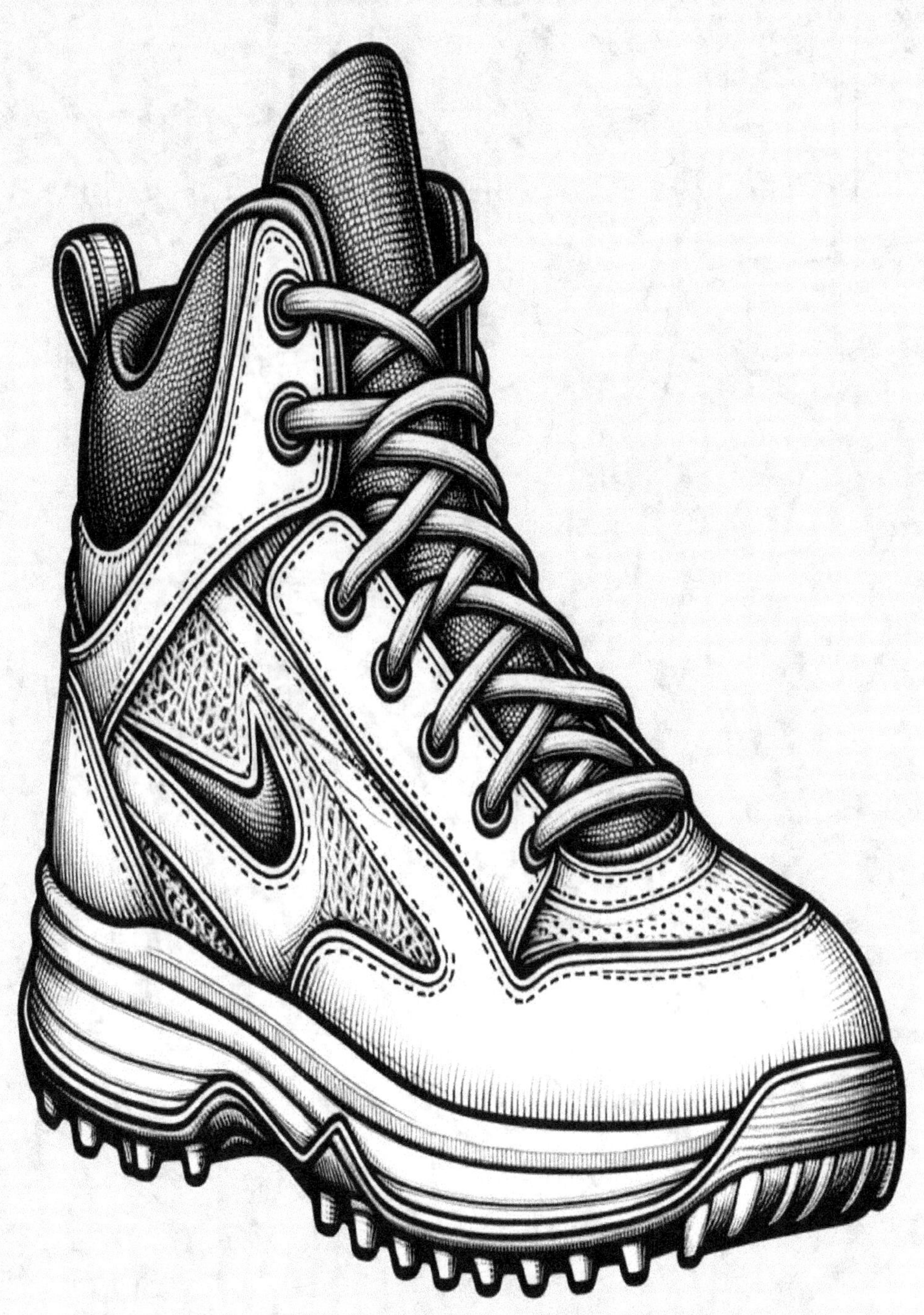

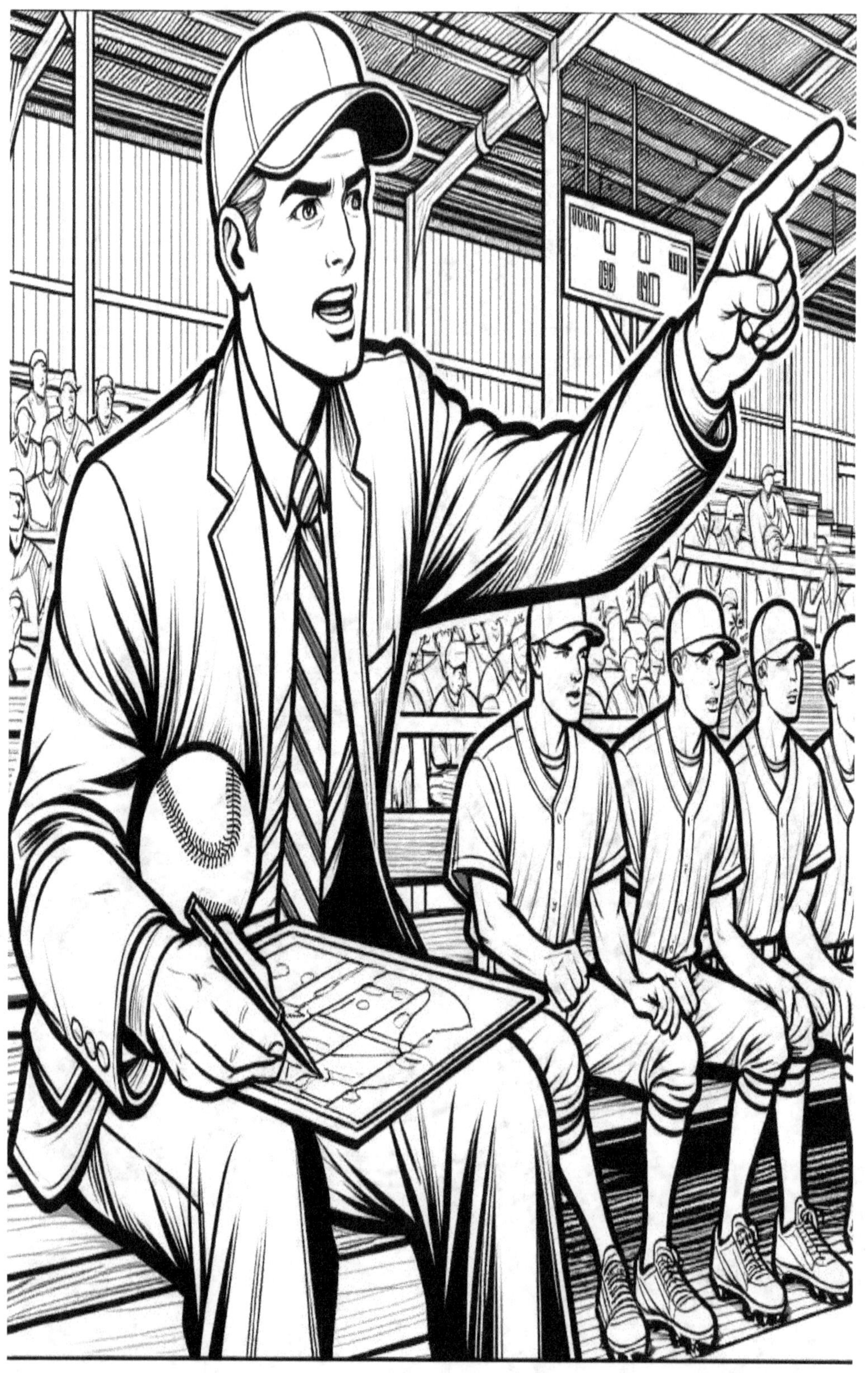

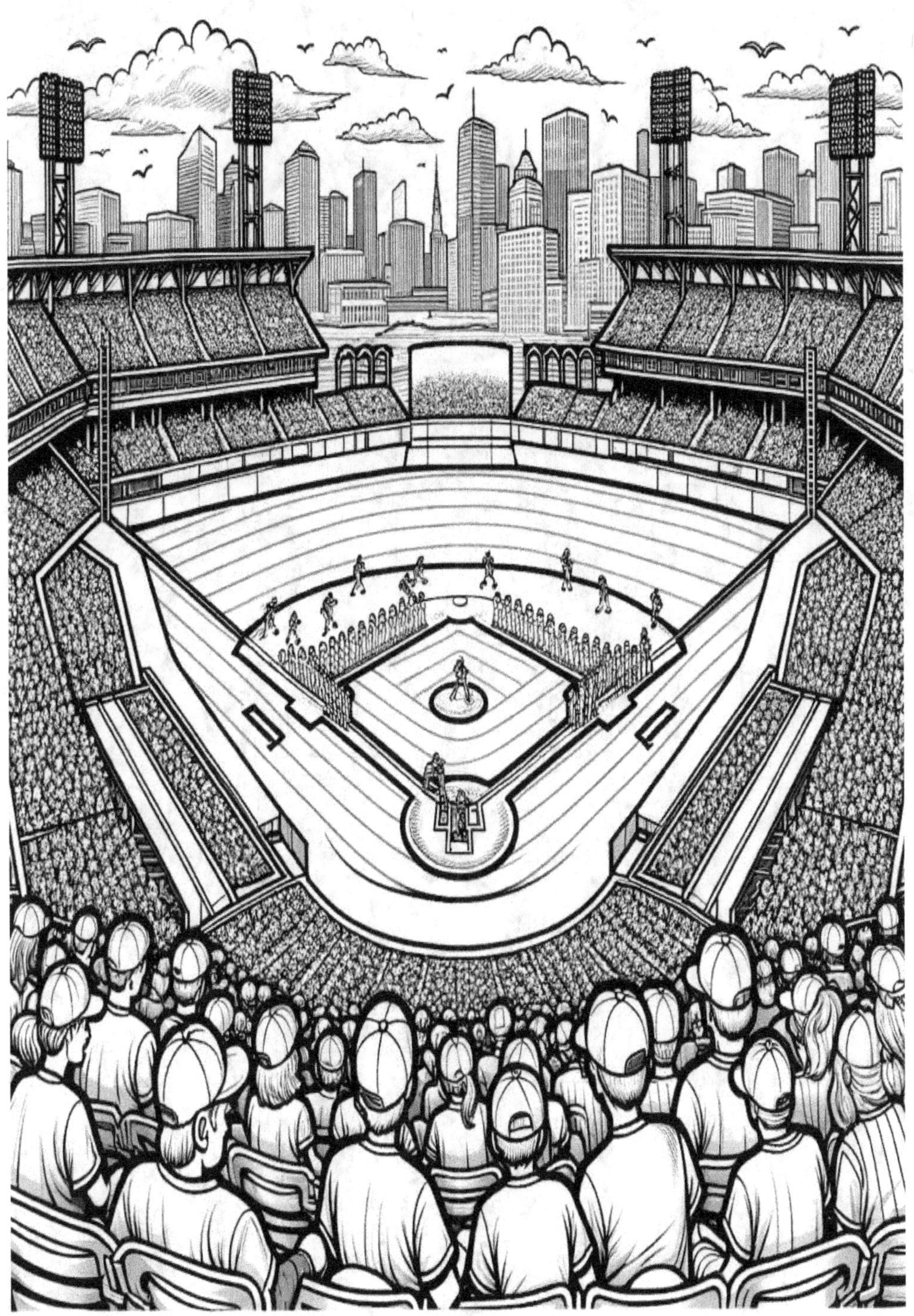

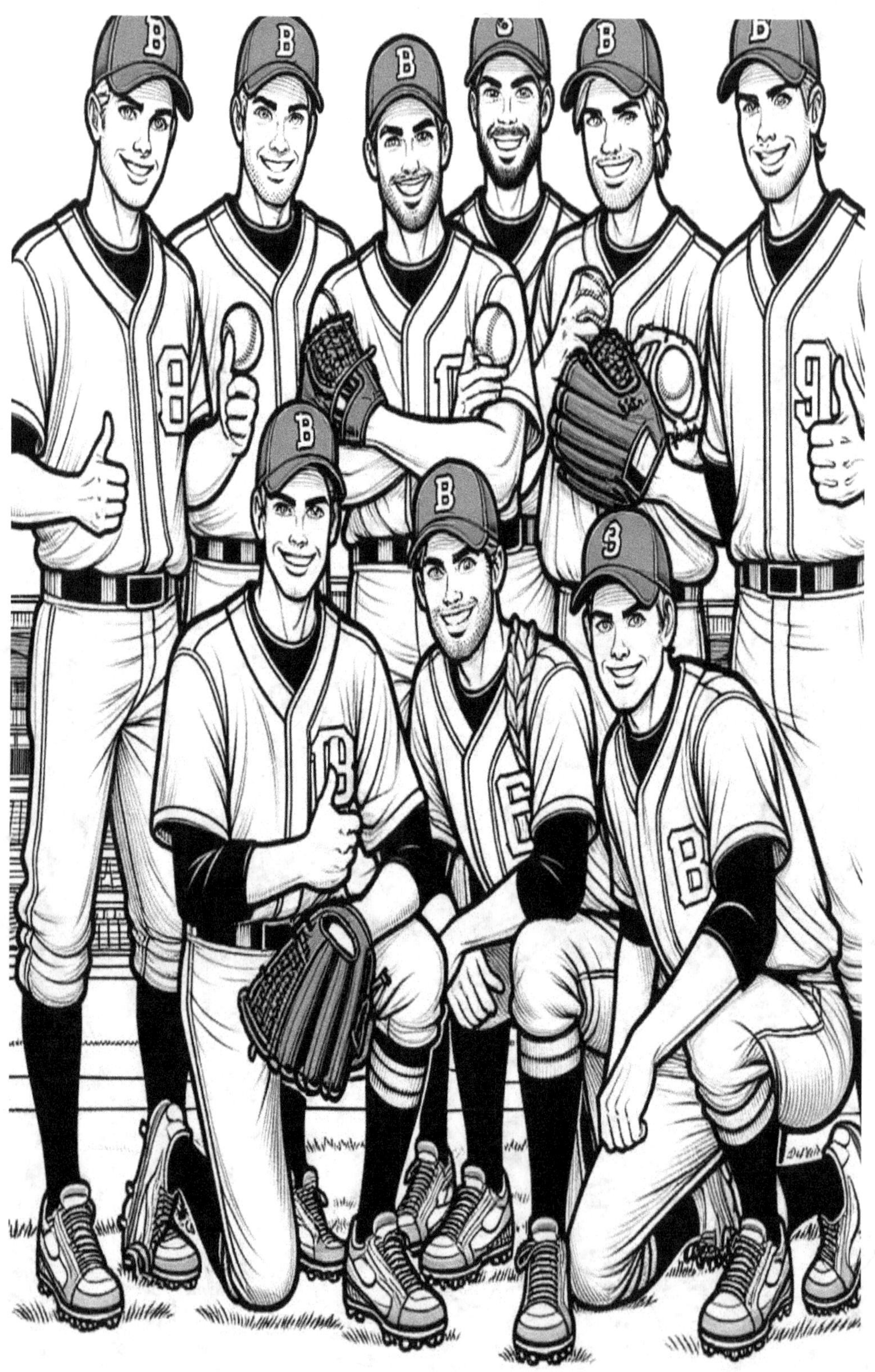

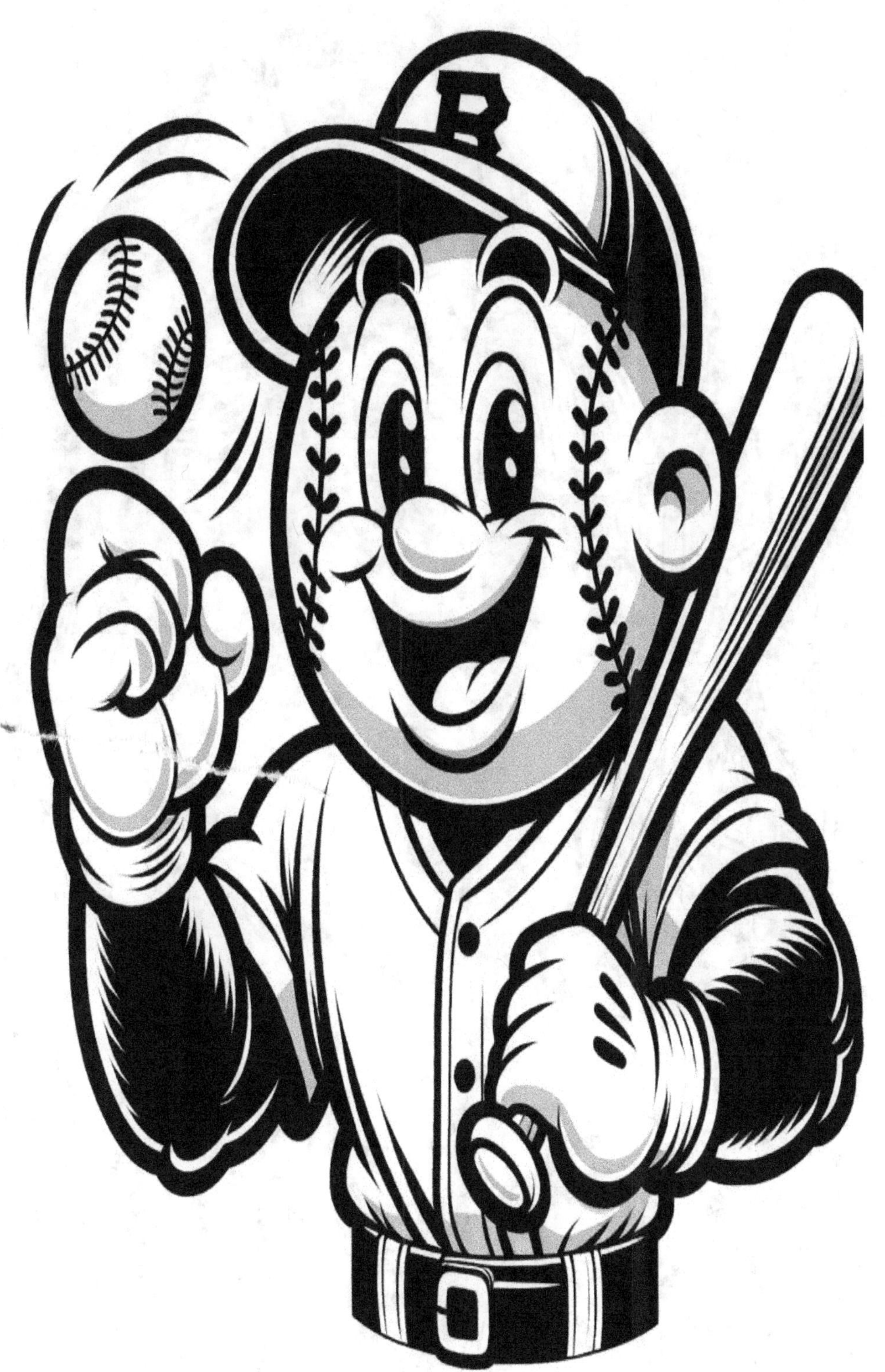

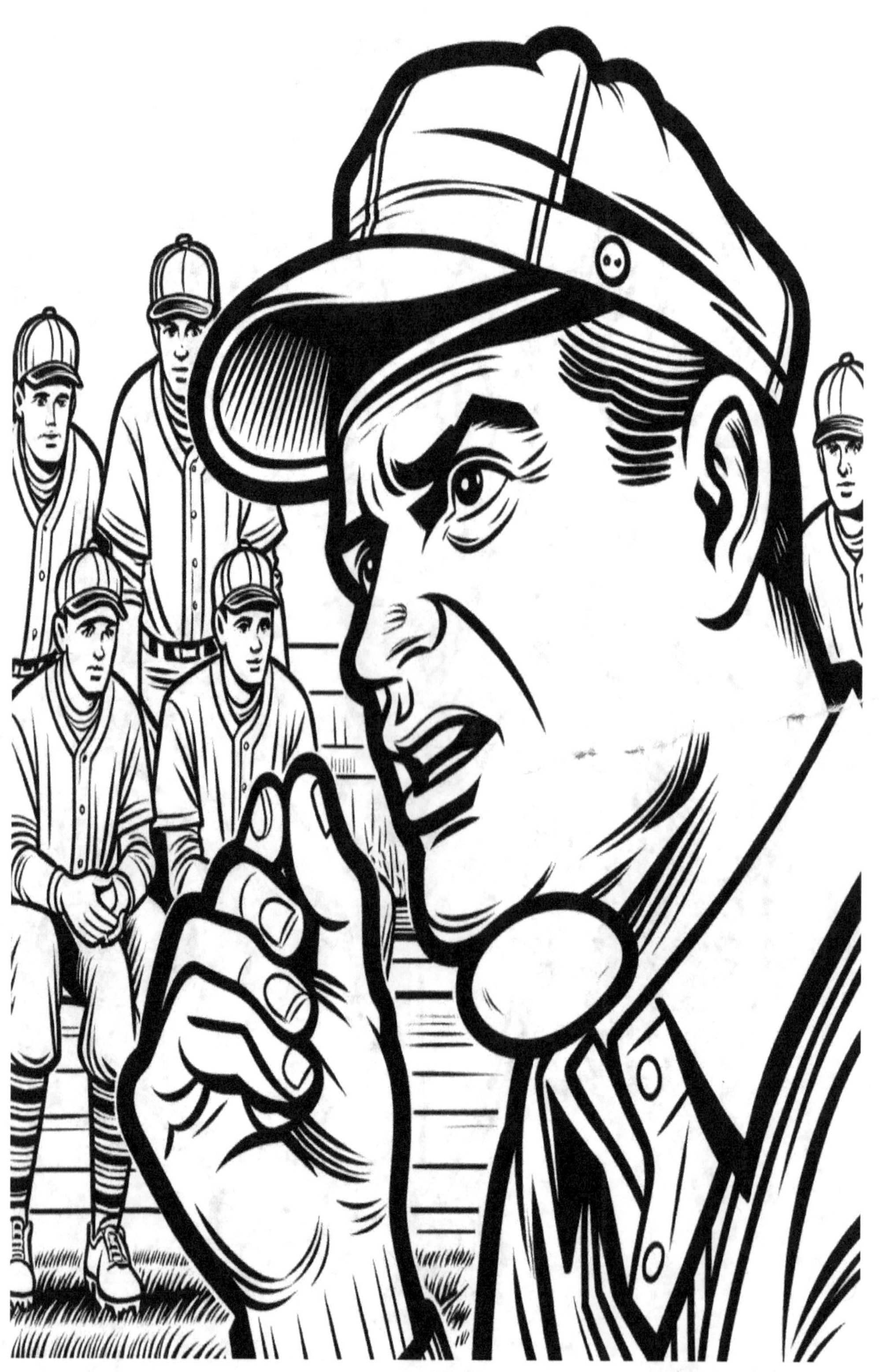

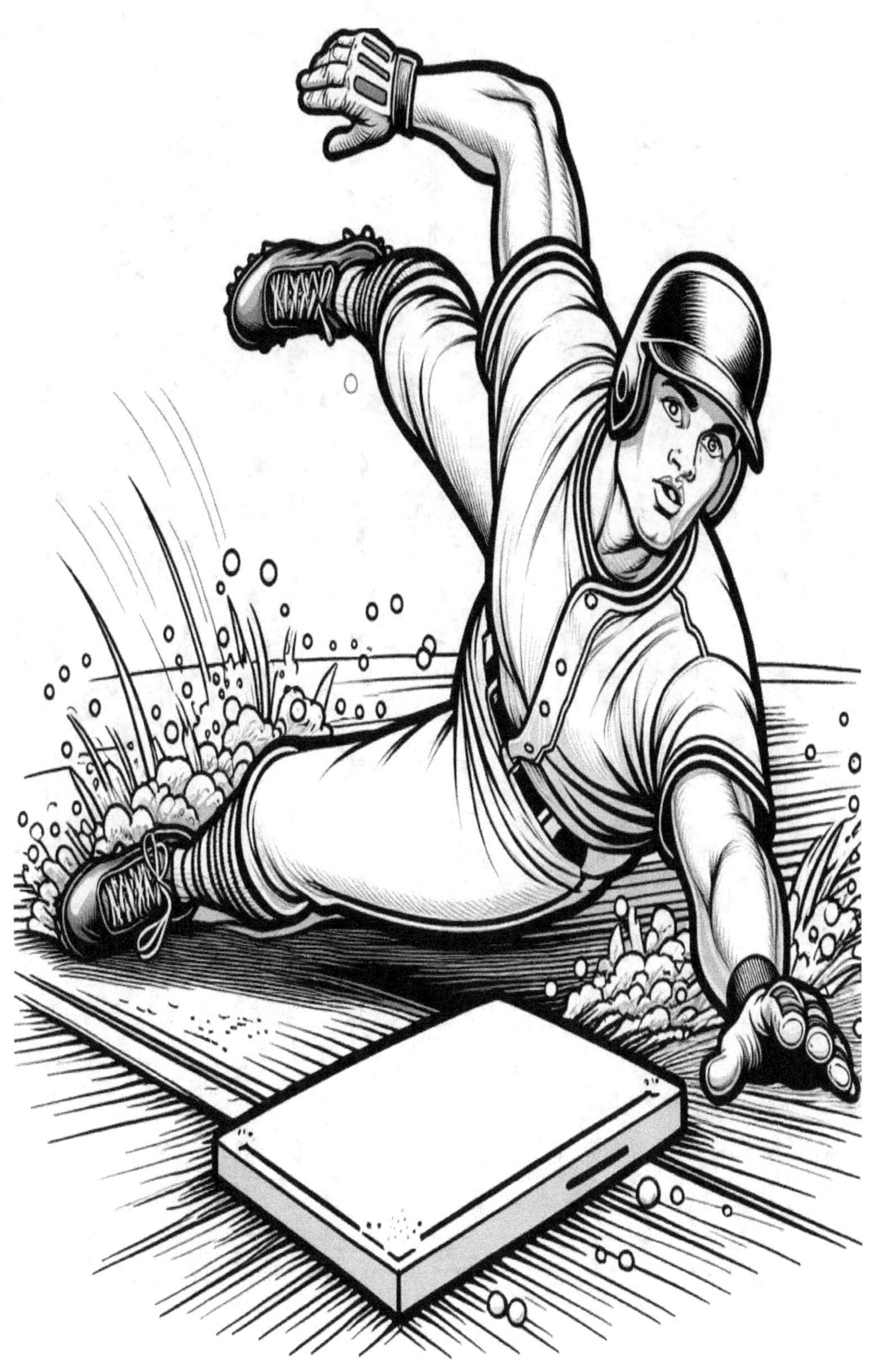

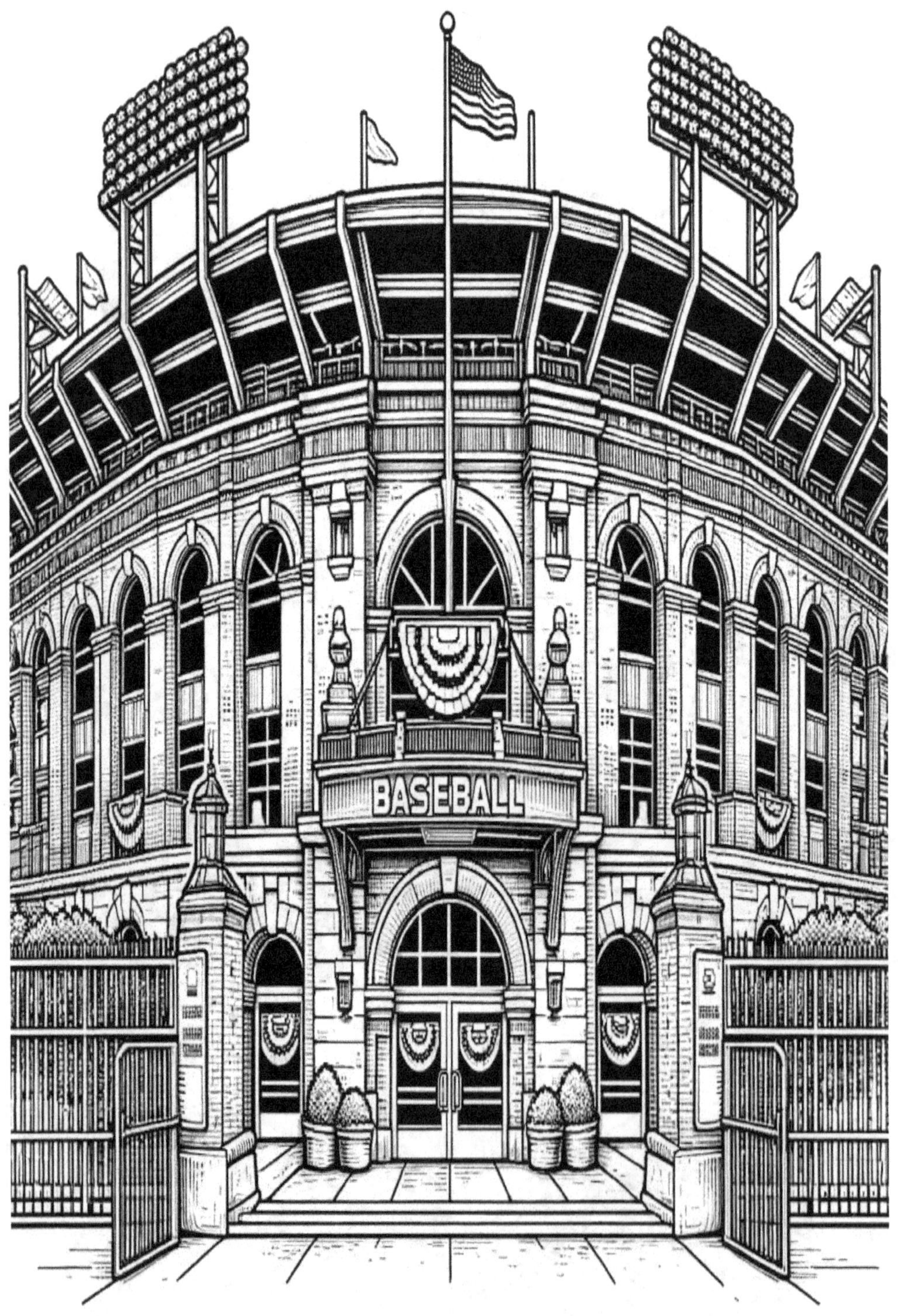
BASEBALL

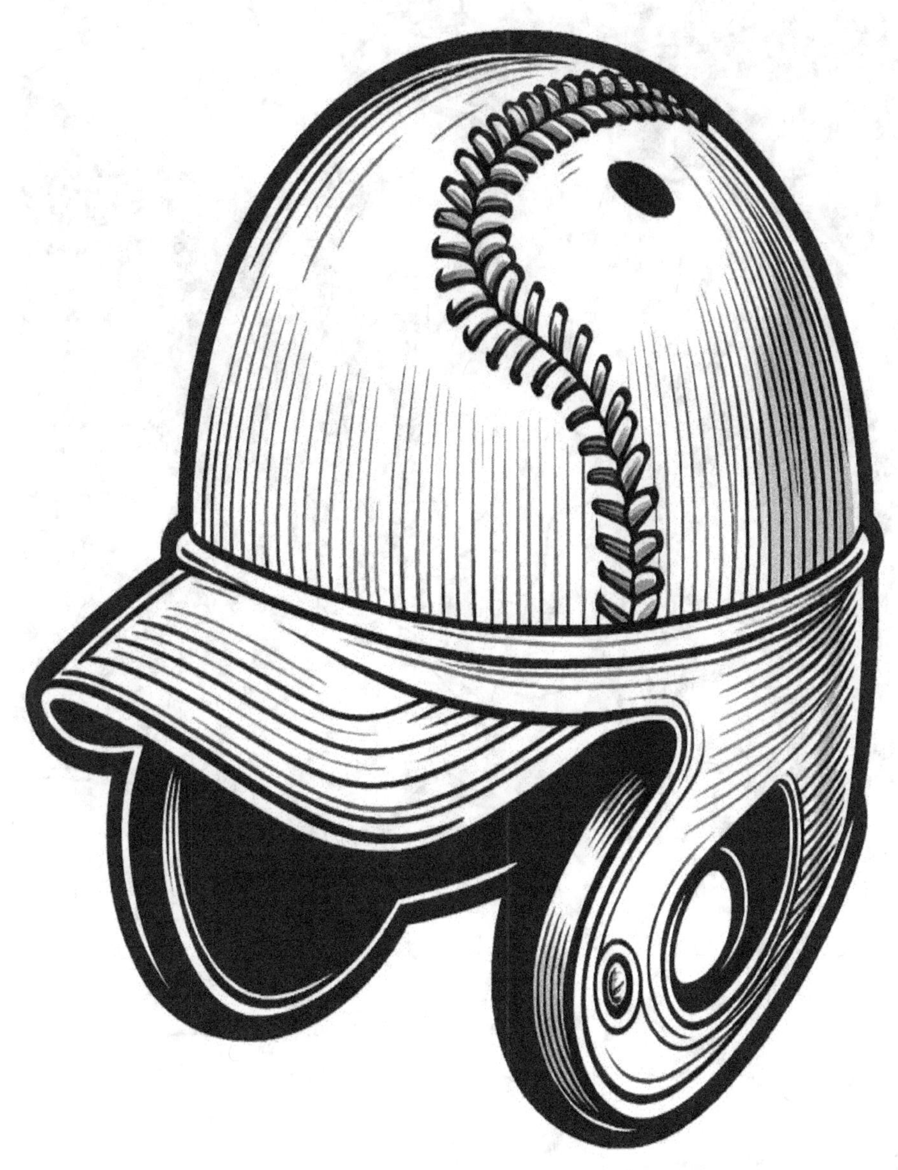

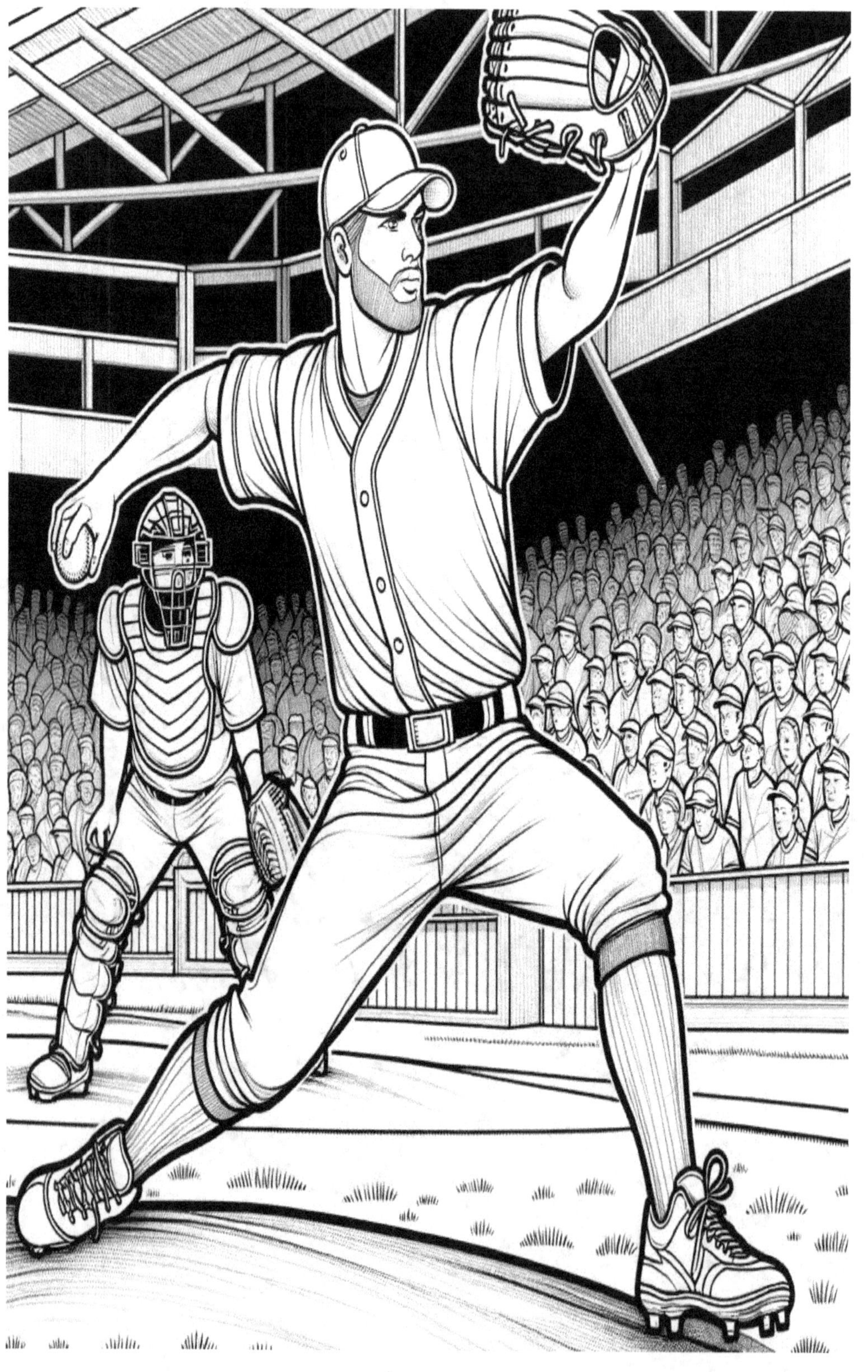

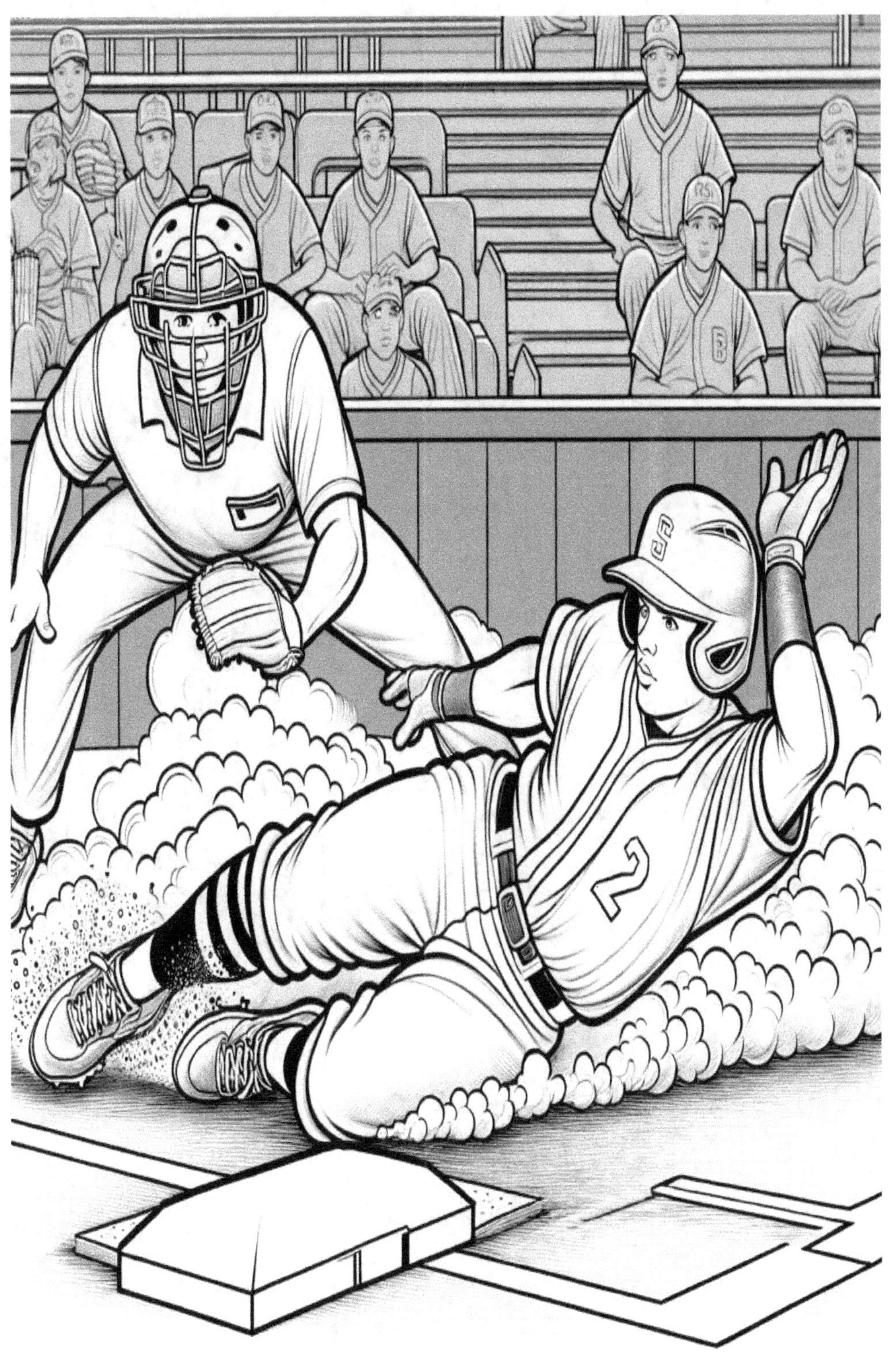

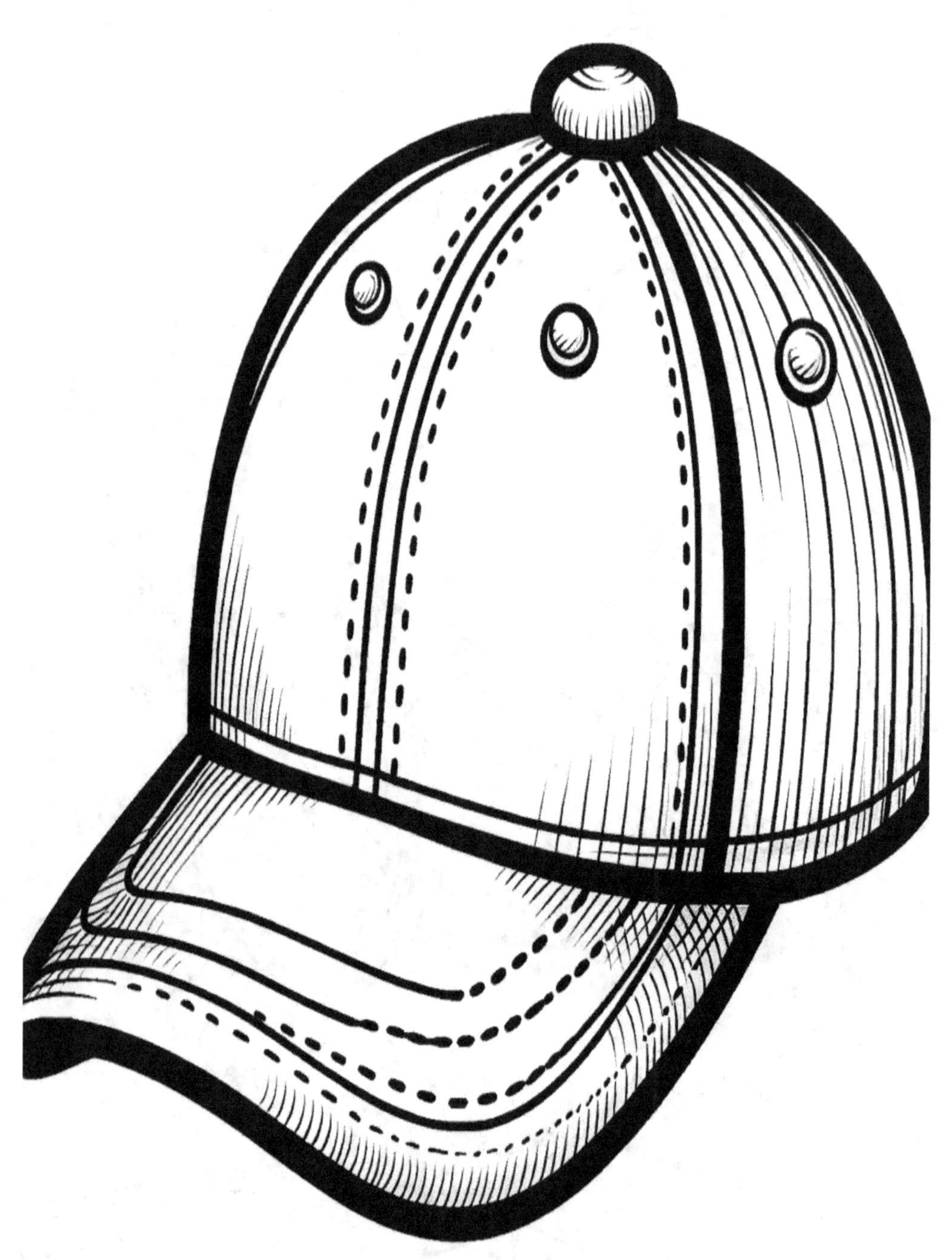

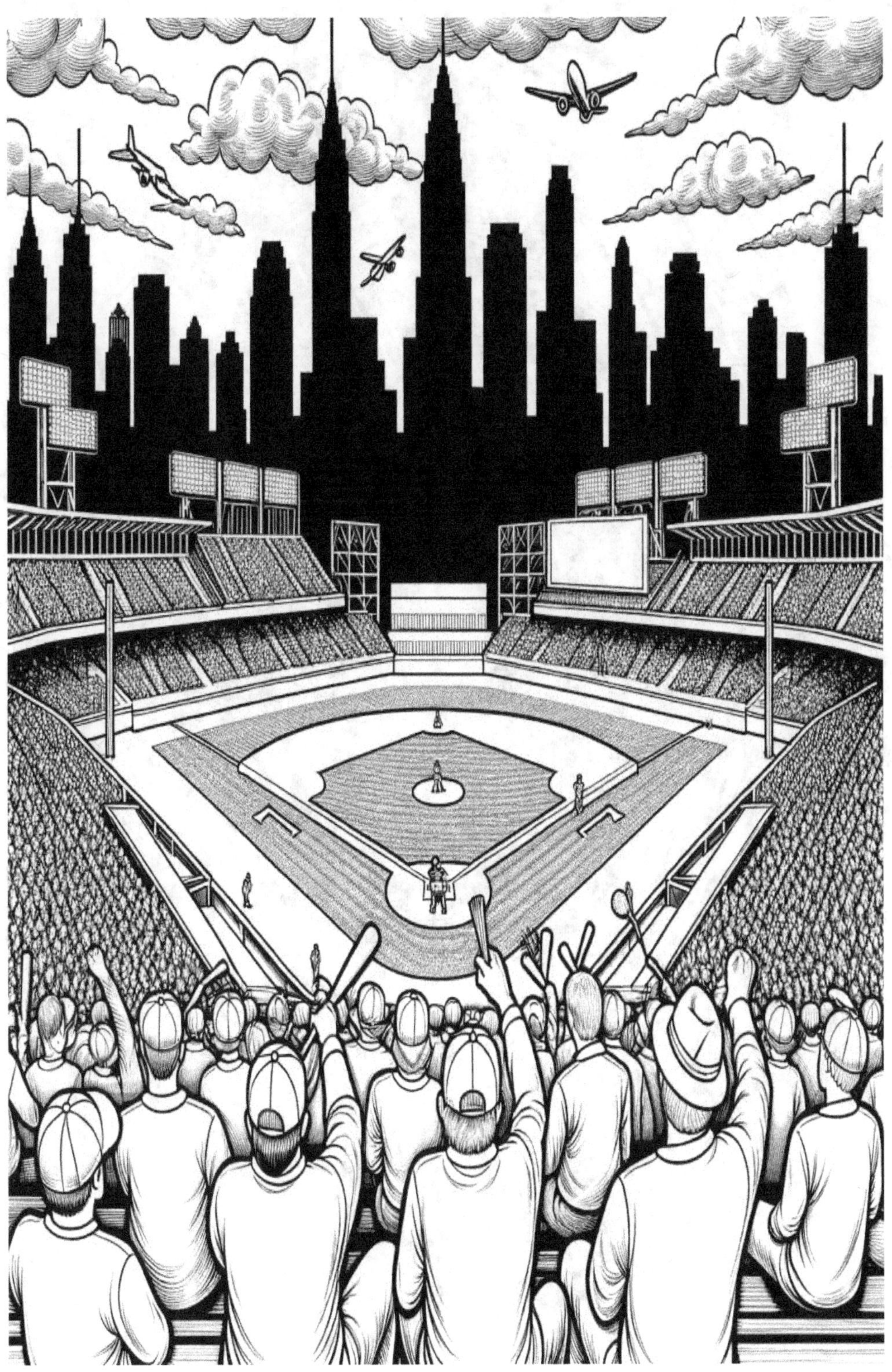

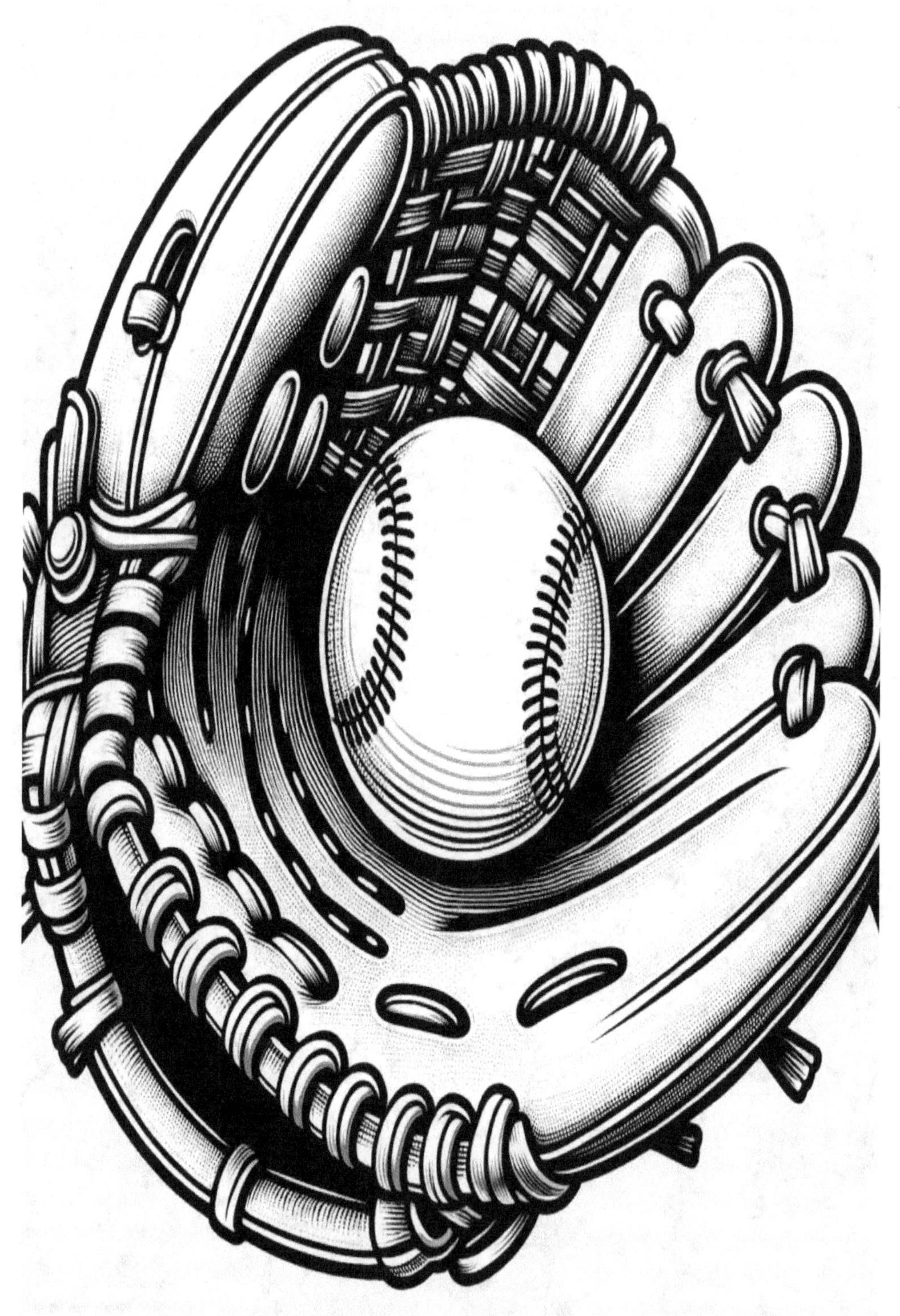

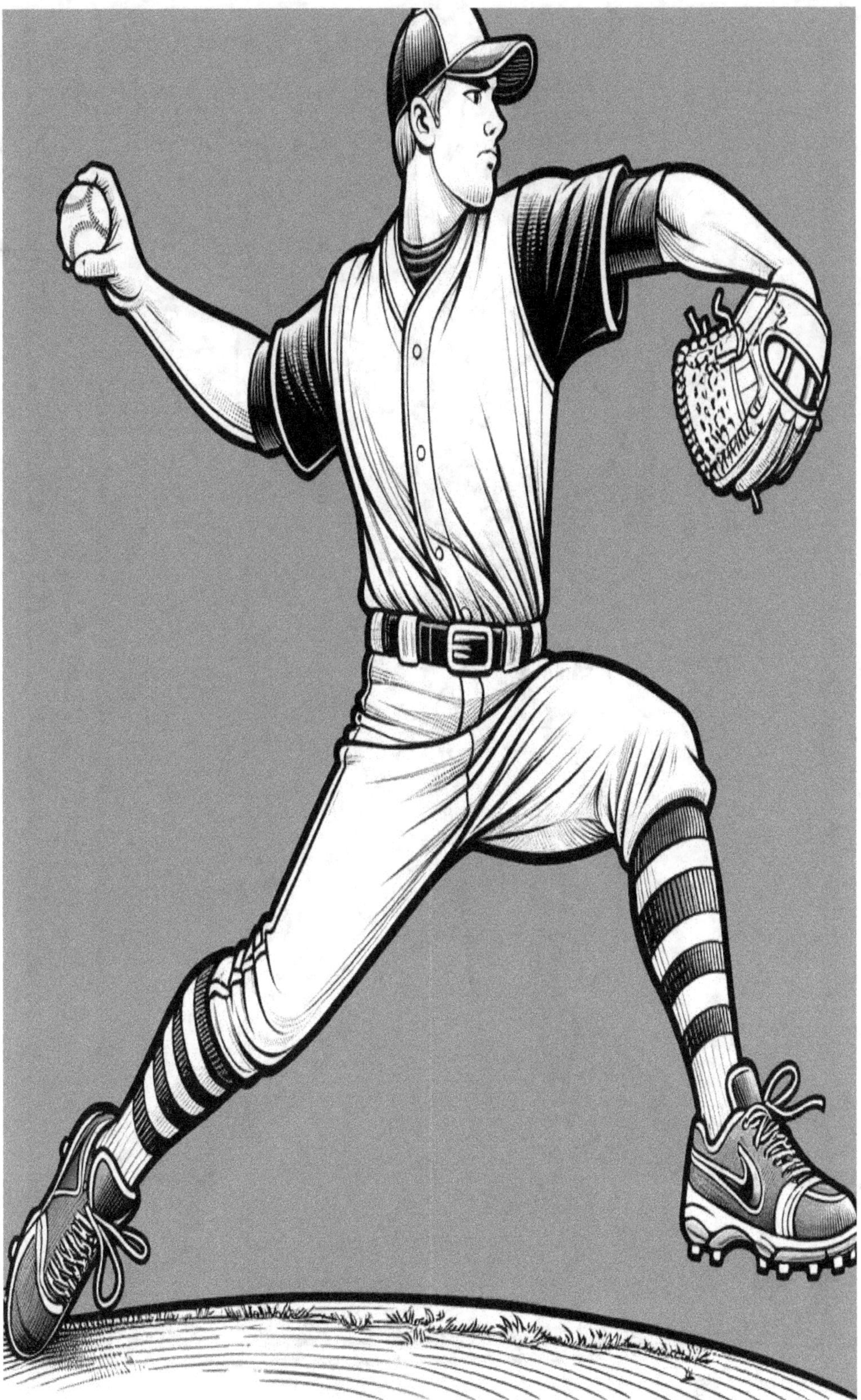

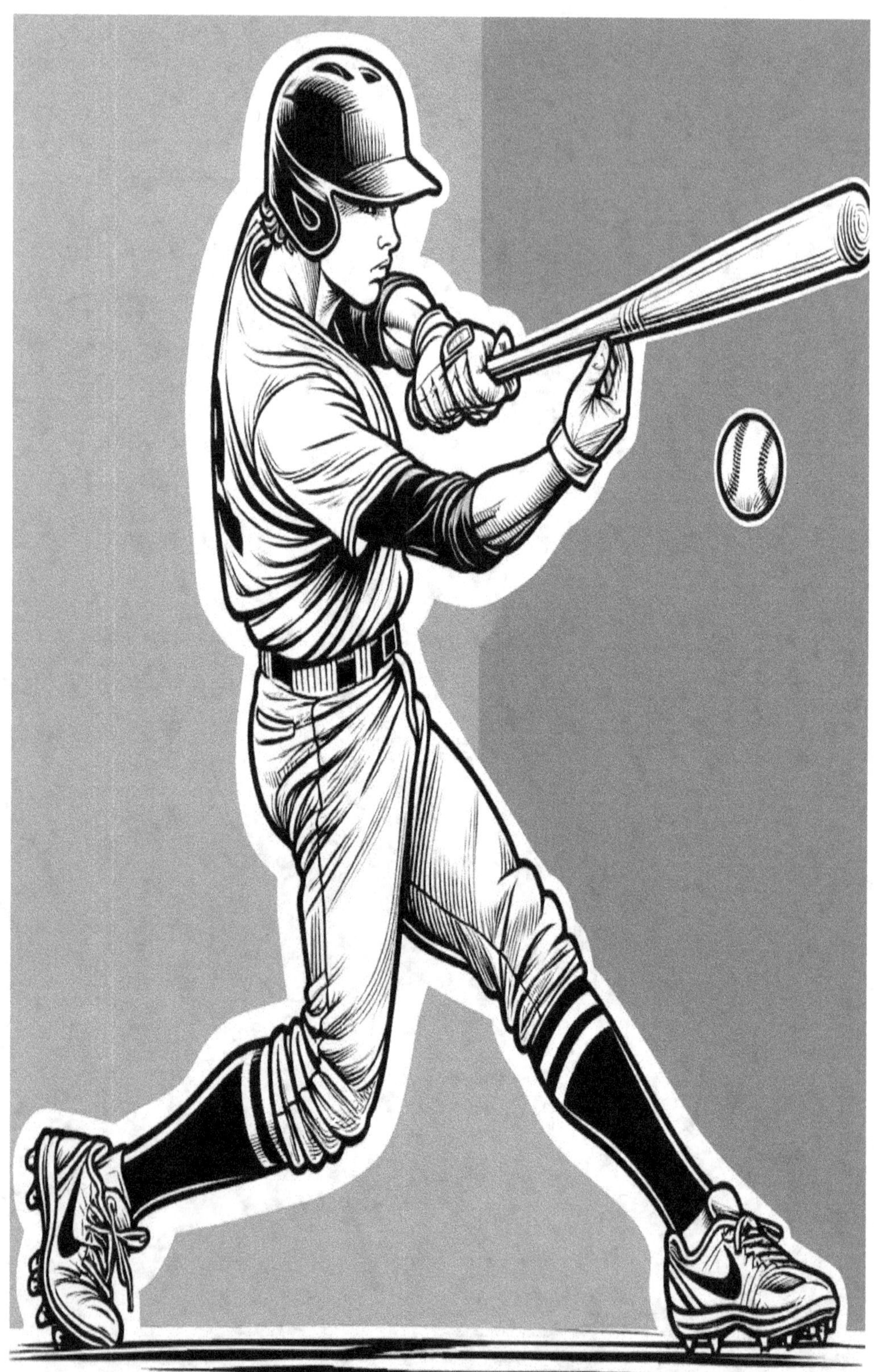

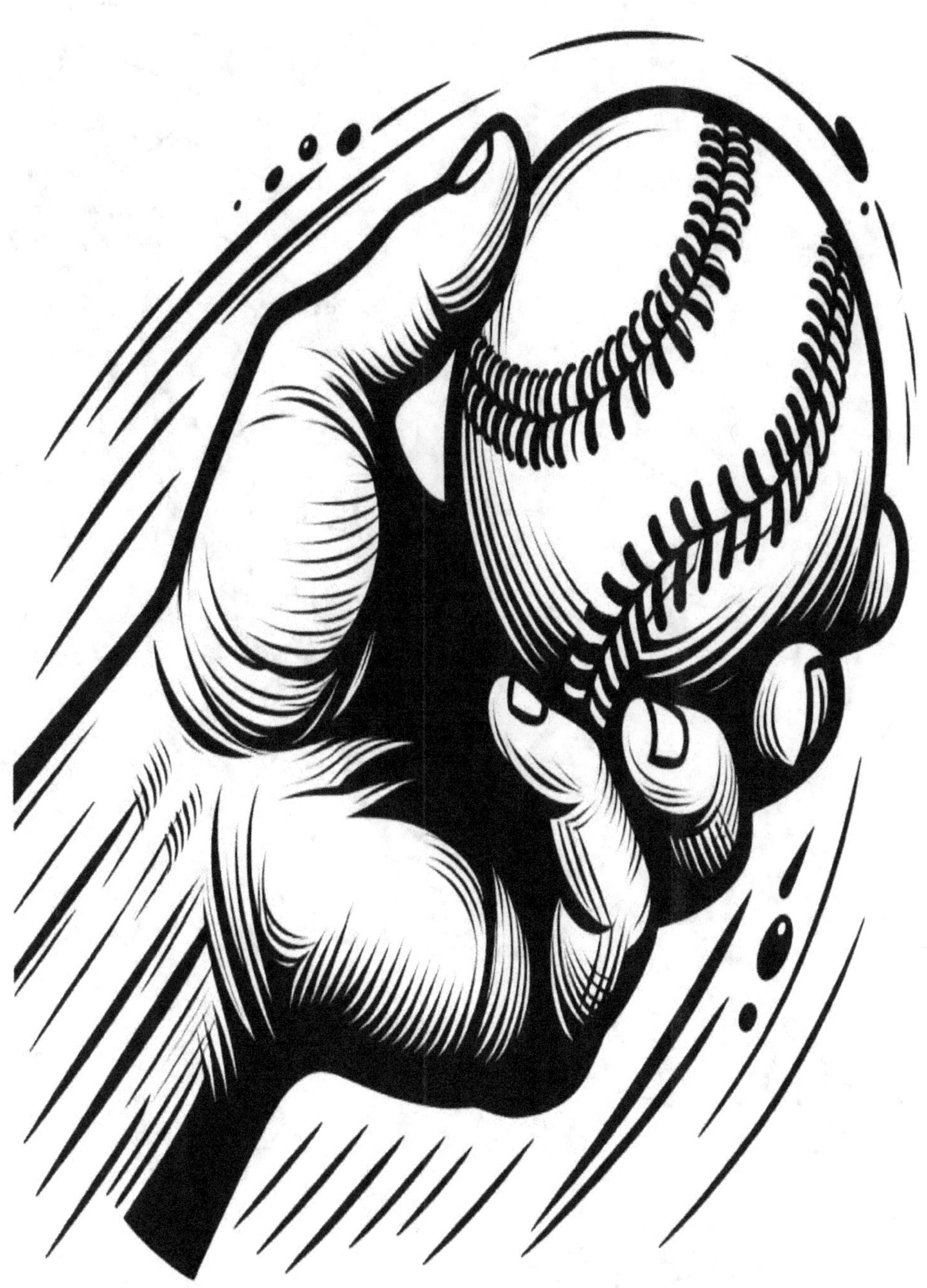

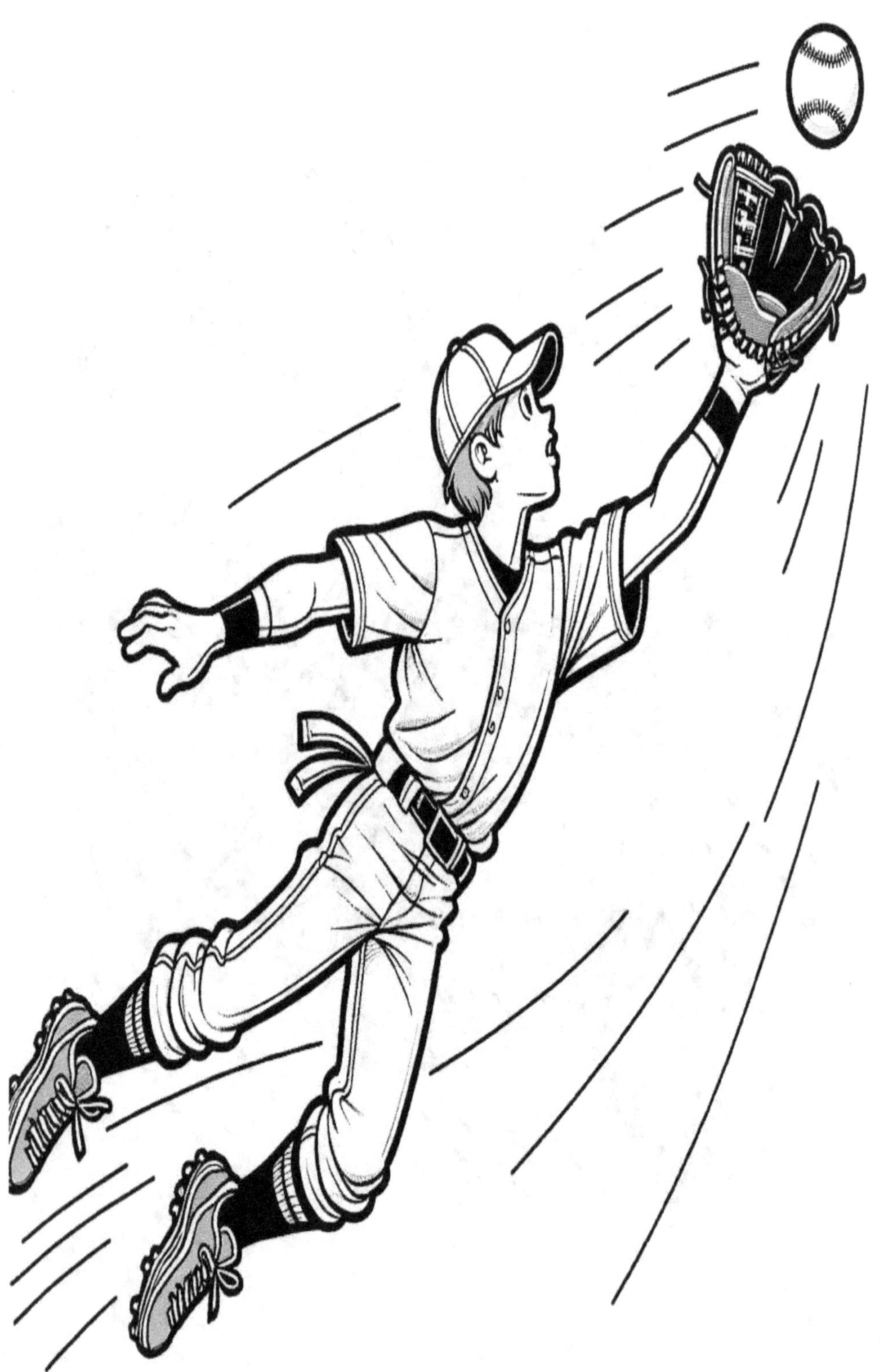

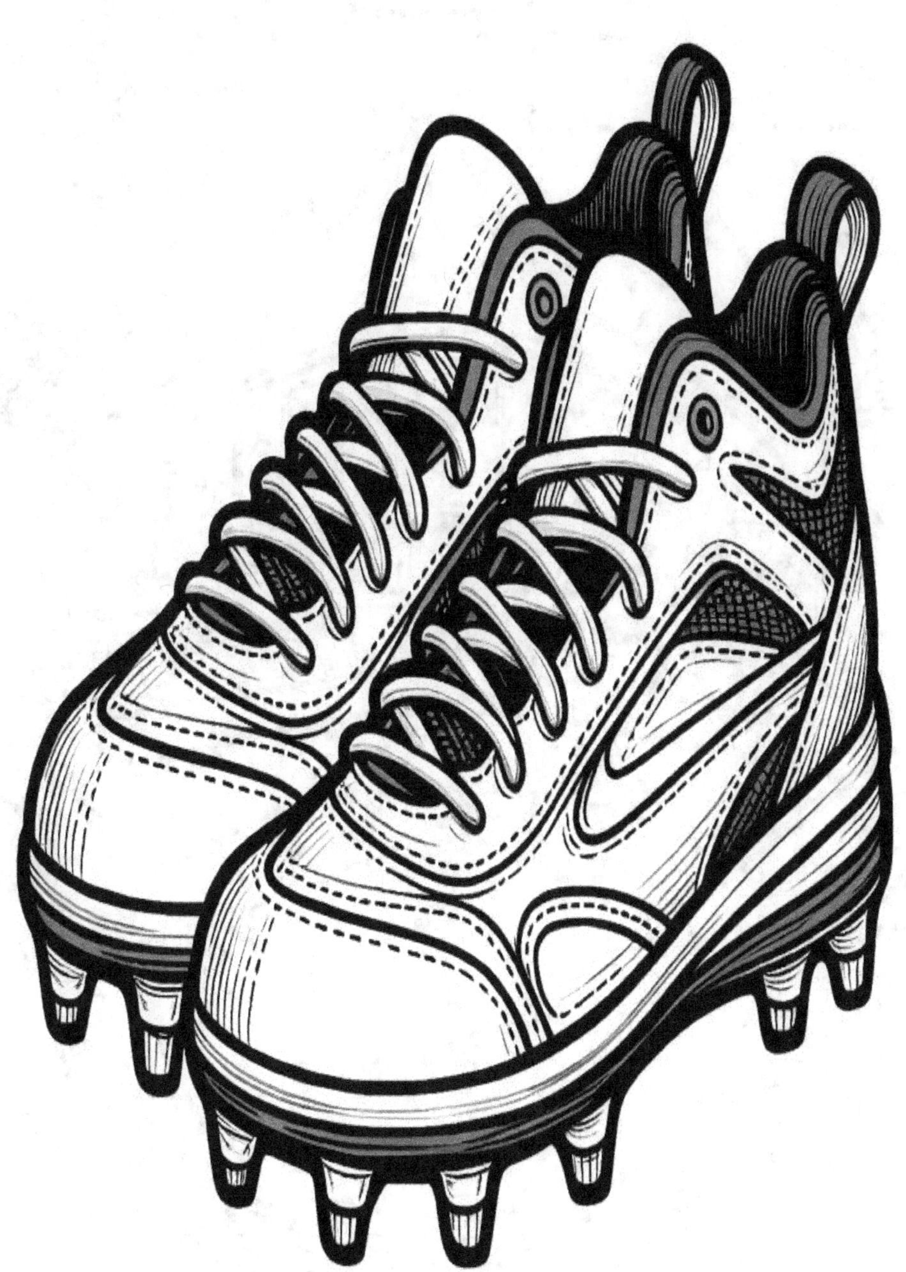

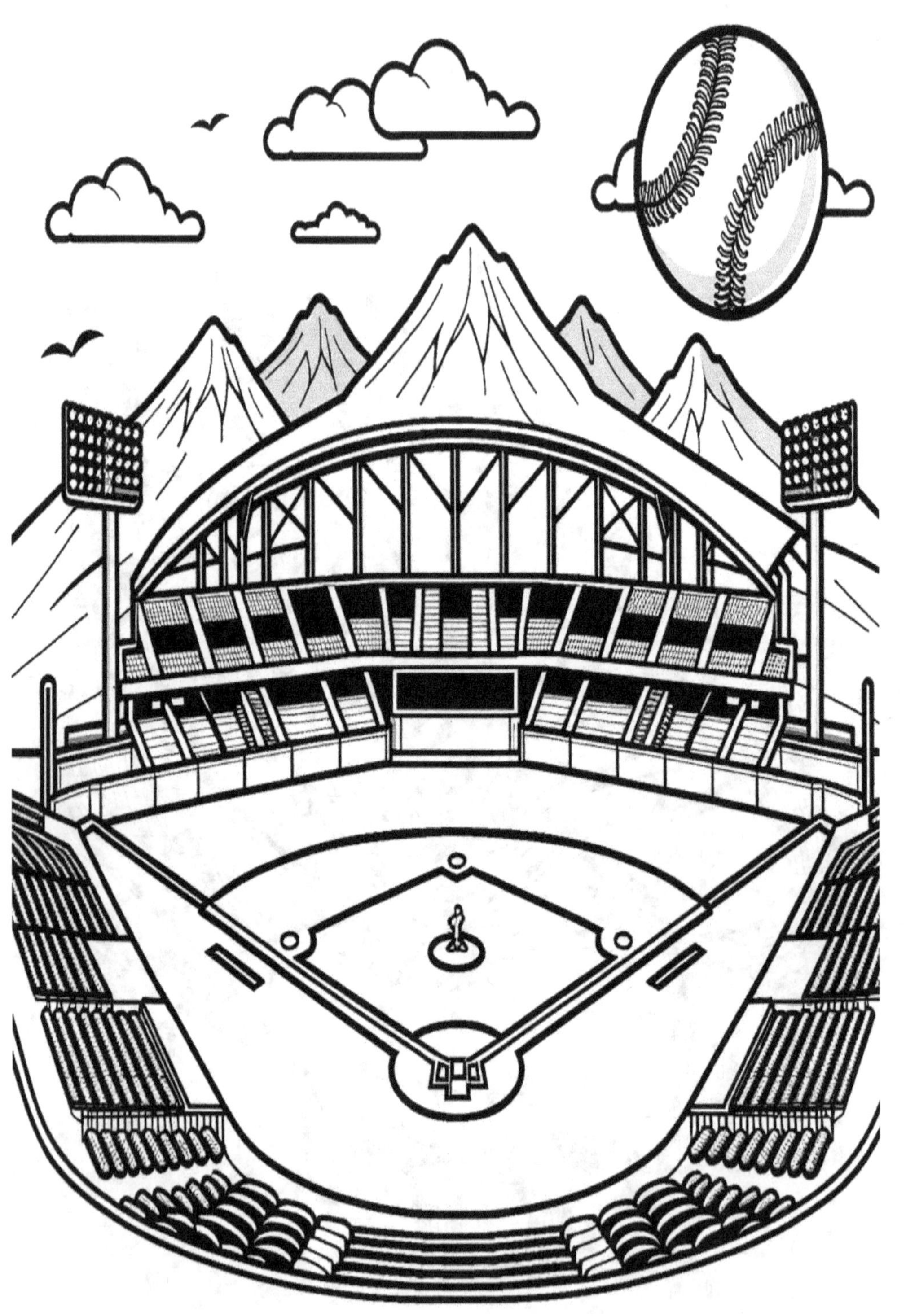

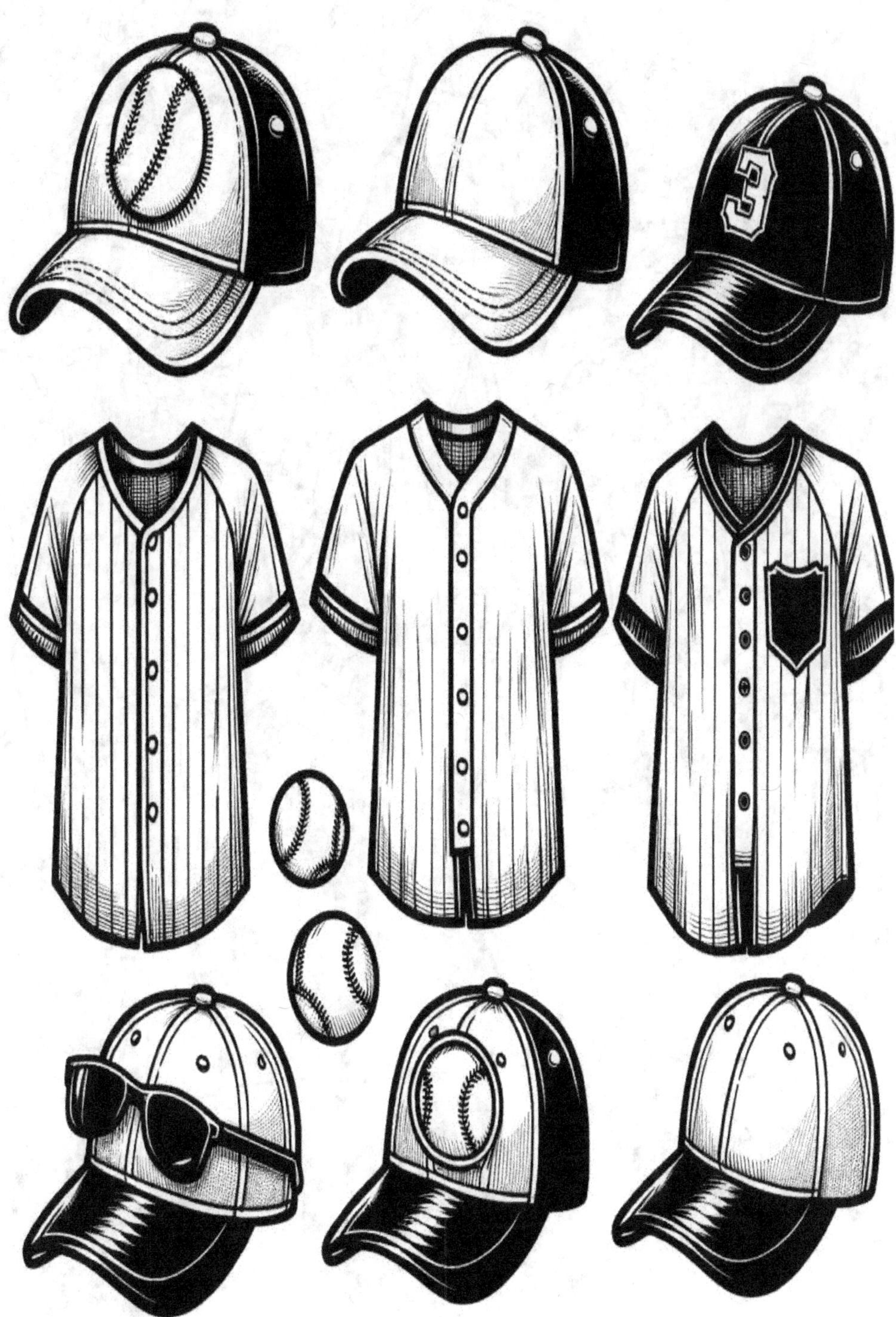

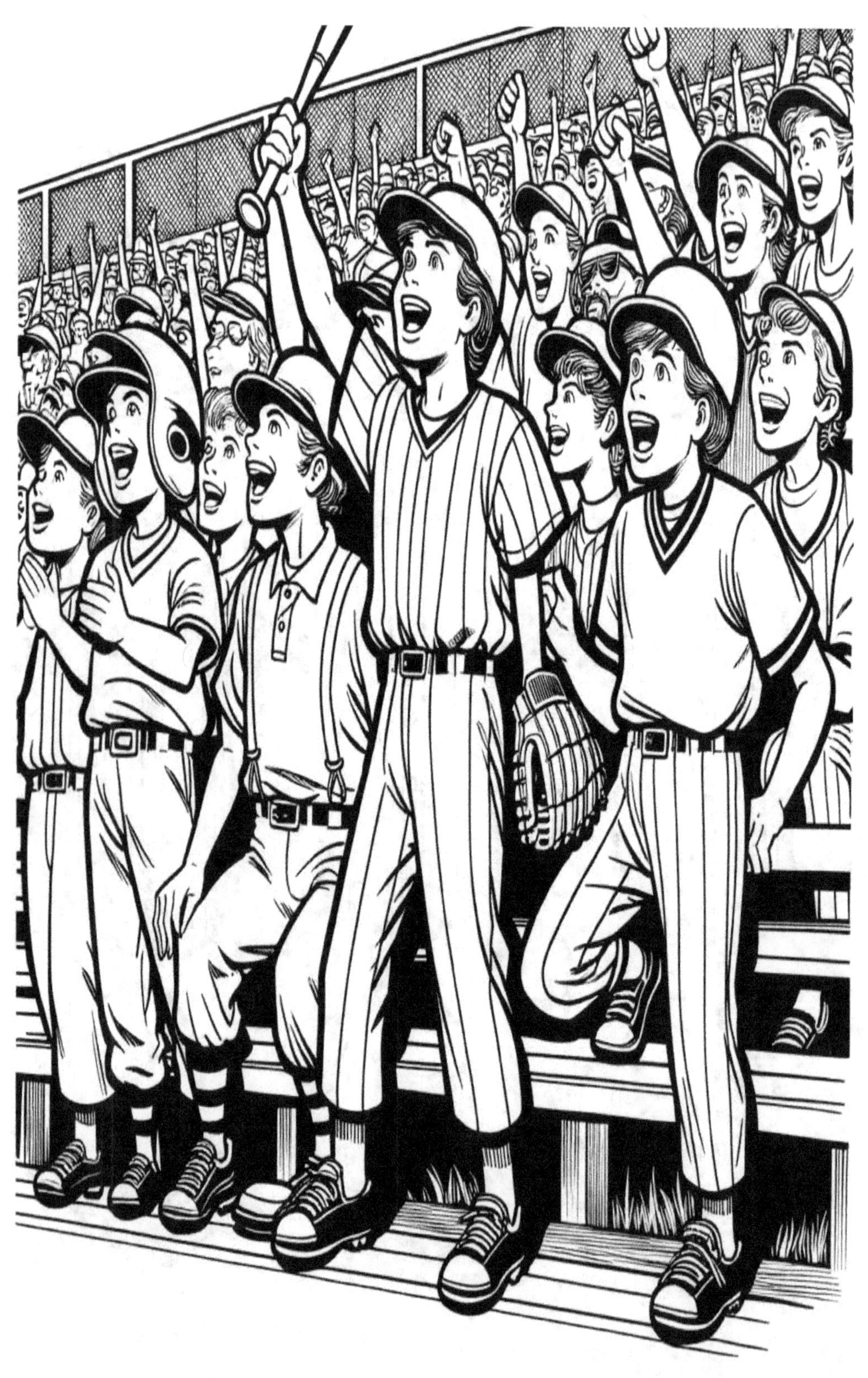

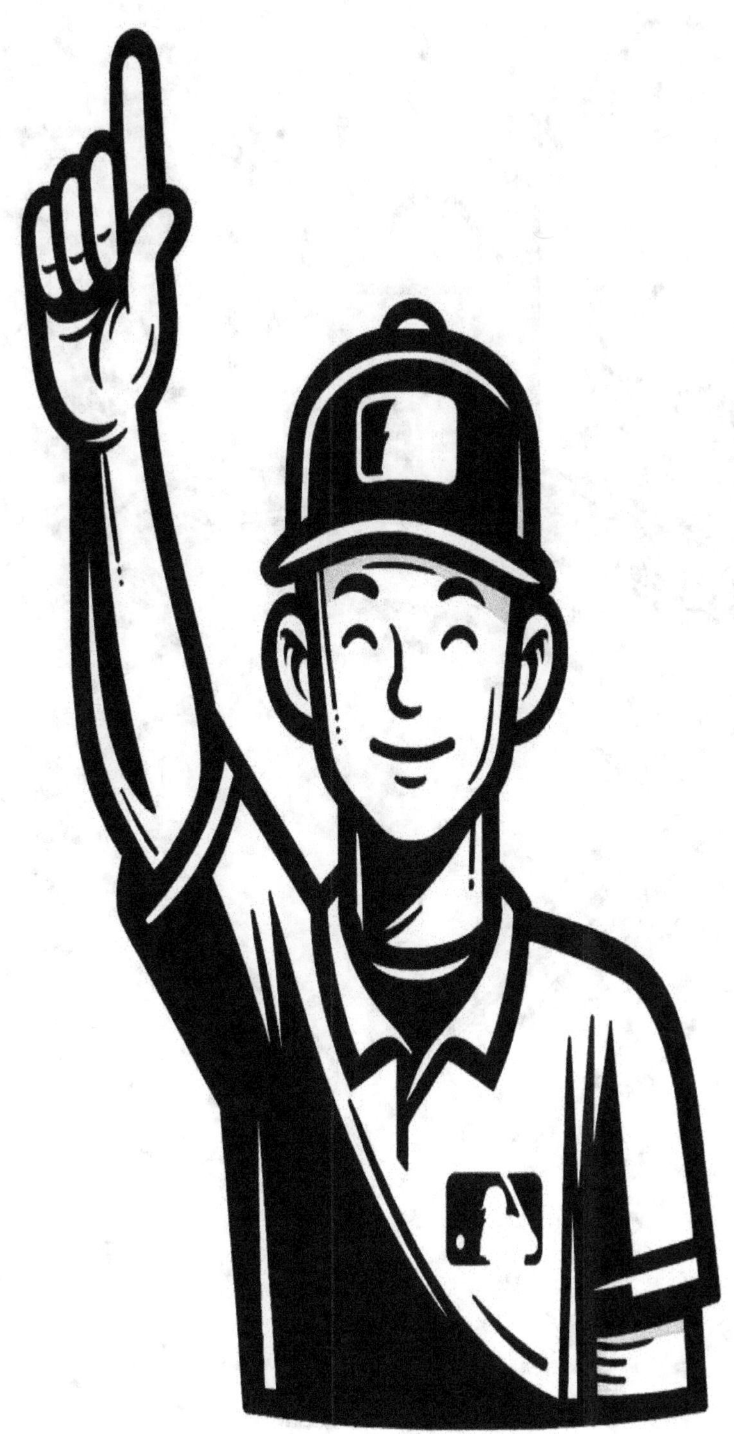

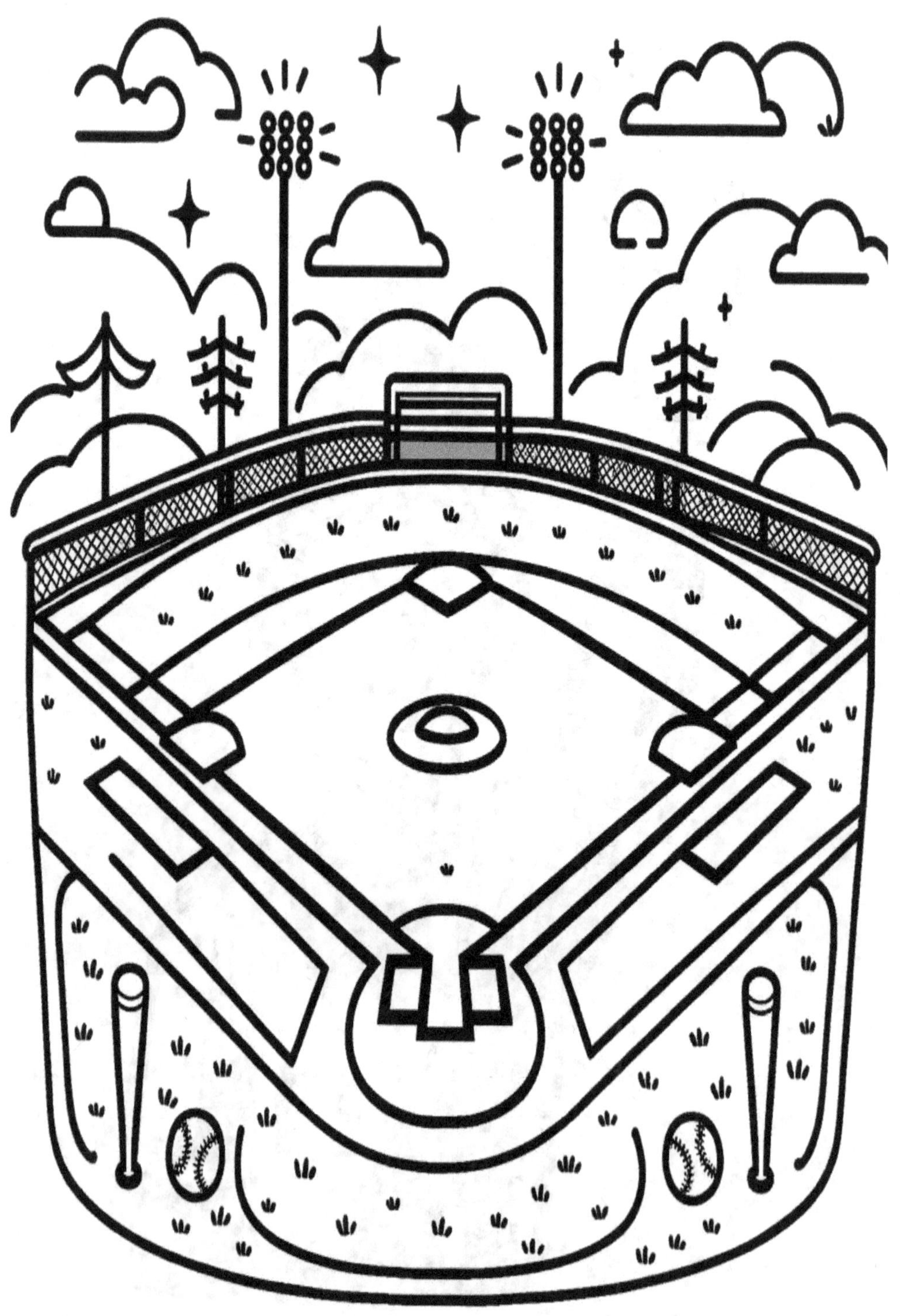

www.ingramcontent.com/pod-product-compliance
Lightning Source LLC
Chambersburg PA
CBHW070228260726
48658CB00006BA/2214

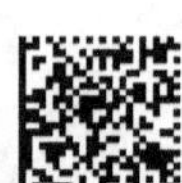

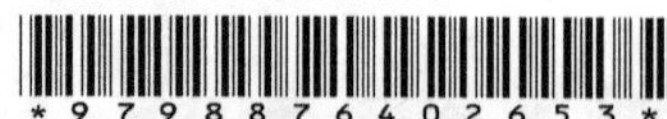